Todos los libros de Linkgua Ediciones cuentan con modelos de Inteligencia Artificial entrenados por hispanistas. Pregúntale al chat de tu libro lo que desees acerca de la obra o su autor/a.

Para ebooks: Accede a nuestro modelo de IA a través de este enlace.

Para libros impresos: Escanea el código QR de la portada con tu dispositivo móvil.

Obtén análisis detallados de nuestros libros, resúmenes, respuestas a tus preguntas y accede a nuestras ediciones críticas generativas para una experiencia de lectura más enriquecedora.
La transparencia y el respeto hacia la autoría de las fuentes utilizadas son distintivos básicos de nuestro proyecto. Por ello, las respuestas ofrecen, mediante un sistema de citas, las fuentes con las que han sido elaboradas.

Diego Muñoz Camargo

Historia de Tlaxcala

Edición de Germán Vázquez Chamorro

Barcelona 2024
Linkgua-ediciones.com

Créditos

Título original: Historia de Tlaxcala.

© 2024, Red ediciones S.L.

e-mail: info@linkgua.com

Diseño de cubierta: Michel Mallard.

ISBN rústica ilustrada: 978-84-9897-408-9.
ISBN tapa dura: 978-84-1126-639-0.
ISBN ebook: 978-84-9953-168-7.

Cualquier forma de reproducción, distribución, comunicación pública o transformación de esta obra solo puede ser realizada con la autorización de sus titulares, salvo excepción prevista por la ley. Diríjase a CEDRO (Centro Español de Derechos Reprográficos, www.cedro.org) si necesita fotocopiar, escanear o hacer copias digitales de algún fragmento de esta obra.

Sumario

Créditos — 4

Brevísima presentación — 9
    La vida — 9

Libro I — 11
    Capítulo I. De cómo los tarascos se separaron de los mexicanos — 11
    Capítulo II. De su arte y ejercicio militar — 15
    Capítulo III. Que trata de la venida de los olmecas y xicalancas, y de cómo vinieron los chichimecas, postreros pobladores de Tlaxcala — 19
    Capítulo IV. Que trata de las guerras que obieron entre los chichimecas y los aculhuaques de Tezcuco — 26
    Capítulo V. Que trata de los chichimecas y de los reyes de Tetzcuco; ansímismo trátase aquí de los caballeros hijosdalgos, que ellos llaman tecuhtles — 31
    Capítulo VI. Que trata de la llegada de los chichimecas a Tlaxcalla y de la guerra que ovieron con los tepanecas mexicanos — 36
    Capítulo VII. Que trata de la fundación de Tlaxcalla y de los señores que se sucedieron en su gobernación — 49
    Capítulo VIII. Que trata de los sucesores de Tlacomihua, cuarto señor de Ocotelolco — 53
    Capítulo IX. Que trata de las cabeceras de Tepeticpac y Tizatlan, y de sus señores y gobernadores — 56
    Capítulo X. Que trata de la fundación de la cabecera de Quiahuitztlan y de sus señores y gobernadores — 62
    Capítulo XI. Principio y origen del señorío y reinos de Tlaxcalla, y de los primeros fundadores — 64
    Capítulo XII. Que trata de la nobleza tlaxcalteca y de la enemistad que hubo con los culhuas mexicanos — 69
    Capítulo XIII. Que trata de las grandes guerras que hubo entre los tlaxcaltecas y los tenuchcas — 75

Capítulo XIV. Que trata de la pujanza del imperio mexicano y de cómo los mexicanos tenuchcas conquistaron Quatimalla y Nicarahua   83

Capítulo XV. Que trata de las causas de la enemistad que hubo entre los tlaxcaltecas y los culhuas tenuchcas y de las hazañas de Tlahuicole   85

Capítulo XVI. Que trata de lo que pensaron los naturales de las cosas de la naturaleza, y de las recreaciones y diversiones que tuvieron   89

Capítulo XVII. Que trata de los nefandos sacrificios que hacían a sus ídolos y de los papas   97

Capítulo XVIII. Que trata del modo que tenían de enterrar a los muertos, y de otras ceremonias   101

Capítulo XIX. Que trata de las dos edades del mundo y de los dioses que tenían en tiempo de su infidelidad   107

Capítulo XX. Que trata de los diabólicos sacrificios que hacían y de quienes fueron los primeros predicadores de Nuestra Santa Fe Católica 111

Libro II   117

Capítulo I. Que trata de los prodigios que se vieron en México y Tlaxcalla antes de la venida de los españoles   117

Capítulo II. Que trata de quién era Marina y de su matrimonio con Jerónimo de Aguilar   124

Capítulo III. Que trata de cómo Hernando Cortés fue recibido de paz por las cabezas de Tlaxcalla   128

Capítulo IV. Que trata de las pláticas que hubo entre Cortés y los señores de las cuatro cabeceras y de cómo recibieron el Santo Bautismo 132

Capítulo V. Que trata de las grandes crueldades que hicieron los cholultecas, y de la destrucción de Cholula   149

Capítulo VI. Que trata de los sucesos que acaecieron a los nuestros desde que entraron en México hasta que, rotos y desbaratados, volvieron a Tlaxcalla   156

Capítulo VII. Que trata del recibimiento que tuvo Hernando Cortés en Tlaxcalla, y de cómo se decidió dar cruda guerra a los mexicanos   167

Capítulo VIII. Que trata de la introducción del Sagrado Evangelio y de las dificultades que para ello hubo — 176

Capítulo IX. Que trata de los sucesos que hubo en la Nueva España hasta la partida de Don Antonio de Mendoza, primer virrey desta Nueva España — 185

Capítulo X. Que trata de los virreyes que hubo en esta Nueva España desde don Antonio de Mendoza — 202

Glosario — 209

- A — 210
- C — 211
- CH — 212
- E — 213
- H — 213
- I — 214
- M — 214
- N — 216
- O — 216
- P — 217
- Q — 217
- T — 218
- TL — 222
- U — 223
- X — 224
- Y — 225
- Z — 225

Libros a la carta — 227

Brevísima presentación

La vida
Diego Muñoz Camargo (1529-1599). México.
Sus padres eran un español y una indígena perteneciente a la nobleza de Tlaxcala. Diego Muñoz vivió en la ciudad de México y fue intérprete oficial. Hacia 1550 se mudó a la ciudad de Tlaxcala.

La *Historia de Tlaxcala* fue escrita por Diego Muñoz y Camargo entre 1576 y 1591. Aquí se describen la religión, costumbres, cultura, y forma de vida de los tlaxcaltecas antes de la Conquista; y se narran los acontecimientos de la Conquista de México, desde los presagios de la llegada de los españoles, hasta los acontecimientos durante el mandato de Álvaro Manrique de Zúñiga, séptimo virrey de Nueva España.

Libro I

Capítulo I. De cómo los tarascos se separaron de los mexicanos

...Linaje de los tlaxcaltecas e que pasó con ellos por aquel estrecho de que tienen noticia que vinieron o que viniendo por el camino nació el Camaxtle, dios de los tlaxcaltecas, sino que éste atravesó de la mar del Norte a la del Sur y que después vino a salir por las partes de Pánuco, como tenemos referido y adelante diremos. Mas en efecto, después que Tezcatlipoca Huemac vino en demanda de Quetzalcohuatl, se hizo de temer de las gentes, [porque] cómo no le obiese hallado, hizo matanzas a toda la tierra, de suerte que se hizo temer y adorar por dios. Tanto, y de tal manera, que pretendió escurecer la fama de Quetzalcohuatl. Vino a señorear la provincia de Cholula, y Quauhquecholla, Izúcar y Atlixco, y todas las provincias de Tepeyacac, Tecamachalco, Quecholac, Teohuacan. De tal manera que no había provincia de éstas que no le adorasen por dios; y ansí, no fue menos en la provincia de Tlaxcala, que entre todos los dioses lo ponían por el primero y más valiente. Ansí, [tanto] en ánimo como en fuerzas, industrias y mañas otro no se le igualaba. Y ansí, en la mayor parte de esta Nueva España fue muy conocido y por dios adorado. Y porque hemos tratado largamente deste Tezcatlipuca y de Quetzalcohuatl, no será razón pasar debajo de silencio ni de paso la causa y razón que hubo de la división y apartamiento de los tarascos michuacanenses, según dejamos atrás declarado.

Como los tarascos se adelantaron, luego que pasaron el estrecho de mar, en los troncos de árboles y balsas y otros instrumentos de pasaje, se metieron a vivir y a habitar en las siete cuevas, espeluncas cavernas de la tierra, hasta que hicieron habitaciones y moradas. Desde allí fueron creciendo y tomando el tiento de la tierra y disposiciones della para poblarla. Ya tenemos noticia [de] cómo la mayor parte destas naciones es gente desnuda y desarrapada, y de cómo la mayor parte no alcanzaban ropa con que cobijarse, aunque algunas naciones vestían cueros y pieles de animales, [y ello era] por no tener industria para eso, o por haberles faltado instrumentos para poder beneficiar algodón o lana, o porque carecían totalmente de todo lo necesario para se vestir. Por cuya causa vinieron en demanda de las tierras más templadas que pudieron hallar, para mejor poder conservar su desnudez y modo de vivir, convertida ya en uso de naturaleza. La causa que dicen que fue de su despojo y desnudez, es, a saber, que los tarascos no acostumbraban traer bragueros, calzones, ni zaragüelles, ni otras maneras de coberturas para las partes deshonestas, sino [que], como brutos animales inestados de la venérea honestidad de hombres de razón, solamente tenían unas ropetas cortas a manera de saltambarcas, que no les llegaban a las rodillas y sin mangas, como unos coseletes sueltos y sin cuellos y abiertos para meter la cabeza, y lo demás todo cerrado. El cual hábito y traje en esta tierra es de mujeres y el día de hoy usan en toda esta Nueva España, y lo llaman huipilli y los españoles llaman camisas. Y sobre esta ropeta se ponían encima una mantilla delgada de algodón, a manera de sobrerropa, que los mismos tarascos llaman tzanatzi y los mexicanos ayatl. Este fue su traje antiguo. La cual sobrerropa, manta o sábana era labrada de labores tejidas muy curiosamente de colores muy vivos y diferentes imitativas a labores de seda, que se hacían de pelos de liebres y conejos, y el día de hoy se usan y estiman en mucho entre los naturales. Estas mantas, o sábanas, anudaban sobre un hombro, que les llegaban al tobillo, más o menos cortas o largas. Las más cortas traían los mozos pulidos y las largas, los hombres viejos y ancianos. Y este fue el uso antiguo de la gente tarasca y el modo de su traje. Aunque usaban de otros géneros de ropa de plumas, que llaman pellones, de diferentes colores y géneros de aves. Los mexicanos, culhuas, tepanecas, ulmecas y xicalancas y demás naciones no usaron las camisas de los tarascos ni de estas saltambarcas, usaron de unos bragueros y coberturas para las partes genitales y posteriores por gran honestidad, aunque todo lo demás de su cuerpo quedaba desnudo y descubierto. Usaban de muy ricas mantas de la manera y modo que atrás dejamos tratado, añudadas sobre un hombro.

La variedad que dicen haber habido entre los mexicanos, tarascos y demás naciones en el modo de vestir fue que siendo todos de una prosapia, descendencia y generación, y todos venidos por una vía y derrota y camino y parte, al pasar de un estrecho de mar de una parte a otra o de algún río caudaloso (algunos quieren decir que es el río de Toluca y que por donde van [es] la tierra [a]dentro, [porque] cuando se va acercando a la mar es muy grande e caudalosísimo; finalmente, que en esto no hay más claridad de esta de que si fue estrecho de mar o si fue río, el de Toluca [u] otro cualquiera), estos tarascos quisieron adelantar y pasar primero, aunque les iban a la mano no consintiéndoselo, las otras cuadrillas, estorbándoselo [y] diciéndoles que non pasasen así, ni se pusiesen en tan grande peligro, porque en aquellos tiempos se tenía por gran hazaña y atrevimiento pasar la mar, mayormente aquellas gentes, que perfectamente supieron de navegación, en especial faltándoles barcos e instrumentos para semejante ocasión y pasaje. Mas con todas estas persuaciones y porfías, entretanto, [se] salieron con su comenzado propósito, [por] que se obieron de adelantar, como se adelantaron. Y ansí, fueron éstos los primeros de que se tiene noticia que pasaron aquel estrecho, que ha de estar hacia la parte del Poniente en cuanto a nuestro centro. Finalmente, al tiempo de pasar buscaron modos y maneras inauditas, que fueron por unos troncos de árboles y balsas y otras cosas que la necesidad les enseñaba. Y ansí, para hacer maromas y sogas, compelidos de la necesidad, se quitaron los bragueros y maxtles (que ansí se llamaban en la lengua mexicana), los cuales son largos de más de cuatro brazas, a manera de almaizales, labrados a los cabos de muy primas labores, de varias y diversas colores, de más de un palmo de labrado y tejido, y de ancho tendrán, el que más, palmo y medio, de más y de menos. De manera que con esta necesidad se despojaron de sus bragueros para atar sus balsas y maderos, con que pasaron su naufragio hasta que se pusieron de la otra parte con sus hijos y mujeres, que debieron de ser gran muchedumbre de gentes.

Como quedasen tan desnudos, como en efecto quedaron y desabrigados, fueles necesario quitar las camisas y huipiles de sus mujeres y vestirse ellos, dejándolas tan solamente las enaguas cubiertas y abrigadas de la cinta abajo, aunque adelante usaron echarse otra manta encima de los hombros con que se cubrían todo el cuerpo, a manera de almalafas moriscas. Y ansí quedaron con esta costumbre en memoria de aquel pasaje. Jamás perpetuamente los dichos tarascos se pusieron bragueros, ni dejaron de traer los huipiles de sus mujeres, ni menos sus mujeres los traían ni ponían, en recordación y memoria de su peregrinación y pasaje, ni menos las mujeres jamás se pusieron para ceñirse las enaguas, faja ni cinta, mas de las enaguas puestas y con una vuelta a manera de ñudo. Y ansí, como éstos fuesen los primeros que pasaron, vinieron a poblar las provincias de Mechoacan donde, después de muy cansados, pararon, hallando aquellas tierras muy a su propósito y conforme a su calidad y costumbres. Y ansí, los que se quedaron atrás, que fueron los mexicanos y tepanecas, con todas las demás legiones y cuadrillas, no perdieron ninguna pieza de sus trajes y siempre ellos y sus mujeres fueron gentes vestidas y adornadas de ropas de algodón y de palmas y de maguey, que llaman ixtli los mexicanos, y de pieles de animales y pelo de conejos y liebres, como atrás dejamos declarado. Llamaron los mexicanos tarascos a estos de la provincia y reino de Michoacan, porque traían los miembros genitales de pierna a pierna y sonando, especialmente cuando corrían. Llamáronse los michoacanenses, michhuaques, porque las tierras que poblaron eran abundantes de pescado; y ansí, se llama «la provincia del pescado», Michhuacan.

Capítulo II. De su arte y ejercicio militar

Y para que mejor nos demos a entender, será razón se haga mención de su arte y ejercicio militar, que, aunque bárbaros y no guiados enteramente por razón, los tuvieron en su ser y modo de gobierno, en sus reencuentros y peleas, acometiendo y retirándose a sus tiempos, conforme a las ocasiones que se ofrecían. Diremos ante todas cosas de la manera de sus armas ofensivas y defensivas que generalmente usaban, con las cuales peleaban y combatían a sus enemigos.

La primera arma que usaron fueron arcos y flechas, con que mataban las cazas con que se sustentaban. Usaron, asimismo, hondas en las guerras y vardaseos, todos de más de una braza y media, arrojados con amientos de palo, que son a manera de gorguses y azagayas o dardos, los cuales tiraban con tan gran fuerza que hacían notable daño, porque tenían todos por hierros puntas de varantos, que son tan fuertes como si fueran de acero, o puntas de espinas de pescado, o puntas de cobre o pedernal, y de lo mismo eran las saetas y flechas que los arcos despendían. Usaban porras de palo muy fuertes y pesadas, que llamaban macanas, y espadas de pedernal agudas y cortadoras. Usaban de rodelas recias con que se escudaban y de fosas y cabas con que se aprovechaban y de albarradas; para su defensa buscaban lugares fuertes, aguajes. Usaban de emboscadas muy sotiles y engañosas para sus enemigos y otras celadas, y si podían por los pasajes forzosos cavaban la tierra y ponían estacas puntiagudas hacia arriba dentro, y las tornaban a cubrir con tierra, a manera de trampas; con el cual engaño mataban innumerables gentes cuando salían con ello. Emponzoñaban las aguas de los ríos y fuentes para que los contrarios bebieran de ellas y muriesen. Hacían sus asaltos de noche, a deshora, en los reales de sus enemigos. Peleaban desnudos y embijados la mayor parte de ellos con tiznes y otras colores. Algunas gentes destas de más posibilidad, ansí mexicanos [como] acolhuaques y tlaxcaltecas, usaban de unos sacos estofados de algodón y pasados, de nudillo, a manera de cueros. Usaban divisas de animalías fieras: de tigre y leones, de osos y lobos y de águilas cabdales, guarnecidas de oro y plumería verde de mucha estima y valor. Todo labrado y compuesto con mucha sutileza y primor.

   Solían llevar a las guerras muchas riquezas de joyas de oro y plumería muy preciada y muy ricos atavíos, según su modo. Peleaban por sus escuadrones apesgados, y no por la orden nuestra. Salía una cuadrilla de un puesto contra otro, que salía del contrario. En medio del campo se encontraban uno contra otro con el mayor furor e ímpetu que podían, llevando de encuentro el batallón que menos fuerte era. Ansí como unos y los otros bandos conocían la flaqueza de los suyos, salía otro escuadrón de refresco al socorro contra los que más podían hasta que los hacían retraer. De este modo sobresalían otros escuadrones de nuevo hasta que se trababa gran batalla, aunque siempre había gente de socorro de todas partes, según la orden de los generales y más astutos capitanes en la guerra, hasta que conocidamente iba la guerra de tropel vencida o desbaratada y conocidamente se veía el vencimiento, porque a este tiempo se conocía la ventaja de alguna de las partes. Cuando había esta ruptura unas veces iban tras los unos y otras tras los otros, hasta que se iba ganando tierra. Y aquellos que más ganaban apellidaban ¡victoria! a grandes voces, invocando a sus dioses con más ánimo y fuerza los vencedores y seguían los alcances y prendían y cautivaban los que podían. Este era su principal despojo y victoria: prender a muchos para sacrificar a sus ídolos, que era su principal intento, y por comerse unos a otros, como se comían, y tenían por mayor hazaña prender que matar. Y esto era en las continuas guerras, aunque sucedían escaramuzas de mucha ventura muchas veces, fingiendo alguna huída de industria y ardid de guerra, se salían de través algunas celadas que hacían mortal daño a sus enemigos.

Mas cuando iban a ganar o [a] conquistar algunas provincias, o les venían a entrar por algunas partes de la tierra que poseían y señoreaban, peleaban de otra manera y con otra resistencia hasta que escalaban a viva fuerza y saqueaban las tales provincias y pueblos, quemando y matando y asolando las casas si no se les querían buenamente dar. Y [con] esta orden que tenían de guerra, como antes hemos referido, siempre iban ganando tierra sin volver atrás, si no era cuando hallaban gran pujanza de fuerza y resistencia, que por esta ocasión volvían las espaldas al enemigo. Aunque atrás puse por figura que no llevaban orden en sus guerras, hase de entender según nuestro modo; que entre ellos orden era, pues tenían sus caudillos que los gobernaban en las cosas de guerra, cómo y de qué manera habían de salir y entrar en ellas y con qué orden y concierto, y llevando esta orden por escuadrones de ciento en ciento y de más o de menos, haciendo grande alarido los unos escuadrones en seguimiento de los otros, teniendo bocinas y trompetas hechas de madera, bailando y cantando cantares de guerra, y animando a sus comilitones con grande gritería y más y mayores voces y gritos en el tiempo en que se daba el combate, tocando sus atambores y caracoles y trompetas, que hacían extraño ruido y estruendo, y no poco espanto en sus corazones frágiles e inusitados de esta milicia con los golpes de las rodelas y macanas, acompañados de la inmensa gritería.

Este era el modo de sus peleas y combates con tiros de piedras y saetas y dardos hasta que venían a las manos y a los porrazos y macanazos, y con las espadas de pedernal daban mortales heridas y cuchilladas, aunque el día de hoy no han quedado más armas que arcos y flechas, las cuales usan los chichimecas y toda la tierra nueva de Cíbola. Gran Quivira, Señora y las demás provincias que llamaron de las Siete Ciudades, que fue la entrada que hizo Francisco Vázquez Coronado, y toda la tierra que llaman de la Florida. Los cuales arcos y flechas es la más terrible arma que las gentes bárbaras pueden usar. Esta debió de ser la primera y más antigua arma que hubo en el mundo y la que los primeros hombres homicidas inventaron, que tan cruel y mortal daño hace y ha hecho. Y ansí, lo usan los turcos desde su origen hasta estos nuestros tiempos, y también sé que lo usaron los griegos y troyanos. Por donde se debe colegir que no debió de ser en solas estas naciones habitadoras de este nuevo mundo donde la usaron.

Capítulo III. Que trata de la venida de los olmecas y xicalancas, y de cómo vinieron los chichimecas, postreros pobladores de Tlaxcala

Habiendo poblado México y toda su comarca y redondez de la laguna, al cabo de tanto tiempo vinieron los ulmecas, chalmecas y xicalancas, unos en seguimiento de otros. Como hallasen toda la tierra ocupada y poblada, determinaron de pasar adelante a sus aventuras y [se] encaminaron hacia la parte del volcán y faldas de la Sierra Nevada, donde se quedaron los chalmecas, que fueron los de la provincia de Chalco, porque quedaron en aquel lugar poblados. Los ulmecas y xicalancas pasaron adelante, atravesando los puertos y otros rodeándolos, hasta que vinieron a salir por Tochimilco, Atlixco, Calpan y Huexotzinco, hasta llegar a la provincia de Tlaxcala. Aunque antes de llegar a ella vinieron tomando el tiento, reconociendo la disposición de la tierra hasta que hicieron su asiento y fundaron donde está agora el pueblo de Santa María de la Natividad, y en Huapalcalco, junto a una ermita que llaman de Santa Cruz, que los naturales llaman Texoloc, y Mixco y Xiloxochitla, donde está la ermita de San Vicente y el cerro de Xochitecatl, y Tenayacac, donde están dos ermitas, a poco trecho una de otra, que se llaman de San Miguel y de San Francisco, que por medio de estas ermitas pasa el río que viene de la Sierra Nevada de Huexotzinco. Aquí, en este sitio, hicieron los ulmecas su principal asiento y poblaron, como el día de hoy nos lo manifiestan las ruinas de sus edificios, que, según las muestras, fueron grandes y fuertes. Y ansí, las fuerzas y barbacanas, albarradas, fosas y baluartes muestran indicios de haber sido la cosa más fuerte del mundo y ser obrada por mano de innumerables. Gran copia de gentes [fue] la que vino a poblar, porque donde tuvieron su principal asiento y fortaleza es un cerro o peñol, que tiene casi dos leguas de circuito. En torno de este peñol, por las entradas y subidas, antes de llegar a lo alto de él, tiene cinco albarradas y otras tantas cavas y fosas de más de veinte pasos de ancho, y la tierra sacada de esta fosa servía de bastión o muralla de un terraplano muy fuerte, y la hondura de las dichas cavas debía de ser de gran profundidad, porque con estar, como están, arruinadas de tanto tiempo atrás, tienen más de una pica en alto; porque yo he entrado dentro de algunas de ellas a caballo y de industria las he medido, que un hombre a caballo y con una lanza aún no alcanza a lo alto en muchas partes, con haberse tornado a henchir de tierra con el tiempo y con las avenidas de aguas de más de trescientos y sesenta años a esta parte. Las cuales fosas y albarradas ciñen toda la redondez del cerro, que no debió de ser poca fuerza ni menos reparo en aquellos tiempos. En este dicho peñol hay muchos indios poblados hoy en día en partes, y va cavado por peña viva, y se aprovechaban de muchas cuevas en que vivían en este cerro. En este fuerte tan antiguo, tan inexpugnable, en las cumbres de él y en la sierra de Tlaxcala, que llaman Matlalcueye, y en lo alto y cumbre de Tepeticpac se retiraron y guarecieron las mujeres y niños cuando el capitán Hernando Cortés y sus compañeros vinieron a la conquista de esta tierra y entraron por esta provincia de Tlaxcala, hasta que se le dio su paz y seguridad.

Demás de esta población tan antigua, hubo otras en los llanos de San Felipe, que serán dos leguas adelante hacia la parte del poniente en cuanto a nuestro centro, en parte llana y escombrada. Ansí mismo, hubo otra de los propios ulmecas, xicalancas y zacatecas, cuyo caudillo fue uno que llamaban Coxanatecuhtli. Según parece, estos primeros pobladores vinieron en tres legiones de las Siete Cuevas, que unos y otros eran de un lenguaje y de una misma disposición y traza, los cuales tuvieron poblado más de cuatro leguas de tierra en diversos lugares de esta provincia, cuyos edificios son conocidos, aunque deshechos y arruinados. Estos se pueden tener por los primeros pobladores de esta provincia de Tlaxcala, que poblaron sin defensa ni resistencia alguna, poque hallaron estas tierras inhabitadas y despobladas.

Y estando en estas sus poblaciones quietos y seguros mucho tiempo, continuando en su quieta paz y sin imaginar cosa en contrario, llegaron los chichimecas sediciosos y crueles con la sedienta ambición, últimos pobladores y conquistadores de esta provincia de Tlaxcala, cuyo principio y origen... copiosamente, según y de la manera que han venido prosiguiendo hasta que se sujetaron estas tierras y habitadores, y hasta que las pusieron debajo de su dominio, bien y ansí de la manera que lo tratan sus crónicas y cantares cifrados; en suma, según su modo, olvidado ya, de la cuenta que tenían en los tiempos que estas cosas acaecieron y en qué edades, que hacen no pequeña falta para nuestra satisfacción, aunque no dejaremos de poner algunos números de su cuenta y edades que ellos seguían.

Habiendo, pues, de tratar de la venida de los chichimecas, que fueron los postreros y últimos habitadores de esta provincia de Tlaxcala, la cual fue muchedumbre de gentes, [diremos] que, ansí mismo, tienen noticia que puede haber trescientos años, poco más o menos, que vinieron con ejércitos formados a poblar y buscar tierras en que habitar, como las demás gentes que antes habían venido. Y ansí estas gentes vinieron de las Siete Cuevas en su demanda y busca de estotras gentes que se habían adelantado siguiéndoles el rastro que habían traído en su venida, maquinando por diversas partes del mundo, peregrinando por grandes desiertos, arcabucos y serranías, y grandes y muy ásperas montañas, como referido tengo, en demanda y busca de los culhuas y tepanecas y aculhuaques, chalmecas, ulmecas y xilancas, deudos y parientes suyos, todos de una descendencia, linaje y lengua y frasío, aunque en cada provincia tenían su diferente manera de hablar, [pero] tan solamente en su consonancia o sonsonete que le quisieron dar por diferenciarse en esto, mas en todo lo demás todo es una cosa, aunque es tenida la lengua mexicana por materna y la tezcucana por más cortesana y pulida; salidas de éstas, todas las demás lenguas son tenidas por groseras y toscas, y en esta forma se va entorpeciendo mientras más se van desviando las provincias de México. Presupuesto que toda sea una lengua y una cosa que se entienda, ésta es la que corre en esta Nueva España y la mayor parte del Nuevo Mundo, y por donde [se] quiera en estas partes [se] prefiere a las demás lenguas y [está] extendida por todas las naciones de ella. Y ansí, las otras lenguas son tenidas por bárbaras y extrañas y entre este barbarismo la hablan comúnmente y tienen intérpretes mexicanos que la dan a entender y se precian y estiman de saberla hablar. Es una lengua la más amplia y copiosa que se ha hallado; después de la dignidad, es suave y amorosa y en sí muy señoril y de gran presunción, compendiosa y fácil y dócil, que no se le halla fin ni cabo, e se pueden con facilidad componer versos en la propia lengua con mensura y consonancia.

Venidos, pues, en seguimiento, como atrás dejamos dicho, de sus deudos y parientes, de tierra en tierra y de provincia en provincia, hallaron la mayor parte de la tierra ocupada y poblada de sus propios deudos. Y con la noticia de cómo adelante estaban las mayores poblaciones, siempre fue su designio de pasar adelante, como lo hicieron. Y ansí, de lance en lance y de tierra en tierra, llegaron a la provincia de Xilotepec y de Hueypuchtlan, y a Tepotzofan y Quauhtinchan, donde pararon y estuvieron algún tiempo. Allí trataron de grandes y muchos partidos con los culhuas y tepanecas mexicanos, que tenían poblada la redondez de la laguna y toda su comarca y marisma.

Vista la multitud grande que allí se había llegado de gentes chichimecas y la estrechura que había de tierras, procuraron de proseguir su viaje hacia la provincia de Tetzcuco, donde era la cabeza y señorío de los aculhuaques tetzcucanos. Y como hubiesen llegado cerca de esta provincia, fueron muy bien recibidos de los señores de aquella tierra, sabiendo y entendiendo que eran todos unos y de una generación, deudos y parientes y venidos de una [misma] patria y tierra. Viendo que no tenían tierras en que poder poblar tantas gentes, los acomodaron y señalaron un sitio donde pudiesen asentar en el inter que hallaban donde poblar. Y ansí, poblaron junto a la laguna de entre Tetzcuco y Chimalhuacan, arrimados a la falda de la sierra y montaña de Tetzcuco, que los naturales llaman los llanos de Poyauhtlan (hoy en día pretenden acción y derecho de estas tierras los naturales de Tlaxcala, porque, en efecto, fueron suyas por merced y donación que los señores y rey de Tetzcuco les hicieron). Y ansí poblaron los chichimecas, que su principal asiento y poblazón fue donde es agora el pueblo de Cohuatlichan, cerca de la laguna mexicana sujeta de Tetzcuco.

Fue el año de su fundación Ome Tecpatl xihuitl, que llaman «año de dos pedernales». Siempre estuvieron en continua arma y vela, porque aunque los naturales de aquellas provincias les habían dado tierras e oviesen recibídolos de paz, hospedándolos y regalándolos con muchas mercedes y caricias, no se fiaban del todo de ellos, porque temían no les hiciesen alguna traición y cogiesen descuidados, como suele suceder en semejantes casos. Estando, como estuvieron, tanto tiempo poblados en estos llanos de Poyauhtlan, se sustentaban de cazas, como chichimecas, por ser, como eran, muy grandes arqueros y cazadores de arcos y flechas y aventajados con esta arma más que otras naciones. [Por]que chichimecas, propiamente, quiere decir «hombres salvajes», como atrás dejamos referido, aunque la derivación de este nombre procede de hombres que comían las carnes crudas y se bebían y chupaban las sangres de los animales que mataban, porque chichiliztli es tenido en la lengua mexicana por «ma mar» y chichinaliztli por «cosa que chupa» y chichihualli es la «teta» o la ubre. Por manera que como estas gentes mataban y se bebían la sangre, eran tenidas por una gente muy cruel y feroz, de nombre espantable y horrible, entre todas las naciones de estas partes. Y por esta derivación de «chupadores» que quiere decir en la lentua mexicana chichimeca techichinani; y ansí, los que proceden de estos chichimecas son tenidos y estimados en mucho. Y ansí mismo, llaman chichime a los perros, porque lamen la sangre de los animales y la chupan. Finalmente, que los que proceden de estos chichimecas por línea recta y derecha sucesión son muy estimados.

Ha quedado este nombre de chichimecas el día de hoy ya tan arraigado que todos aquellos que viven como salvajes y se sustentan de cazas y monterías y hacen crueles asaltos y matanzas en las gentes de paz, y aquellos que andan alzados con arcos y flechas como alarbes, son tenidos y llamados chichimecas. Especialmente en los tiempos de agora son los más crueles y espantosos que jamás lo fueron, porque en otros tiempos (ha menos de cuarenta años) no mataban sino cazas y animalías fieras y silvestres, y agora matan hombres, saltean caminos y hacen grandes estragos e inauditas crueldades en los españoles y en sus haciendas y estancias, que no se pueden averiguar con ellos. Por manera que el nombre de chichimeca, que solía ser la cosa más noble que entre los naturales había, ha venido a ser y a parar, que los que llaman el día de hoy chichimecas se han de entender por hombres salteadores y robadores de caminos. Todos aquellos que son indomésticos, que habitan las tierras remotas de la Florida y la demás tierra que está por ganar y por conquistar, todos tienen este nombre de chichimecas, y esto se entiende en la lengua mexicana culhua de la Nueva España. De estos chichimecas se podrían tratar de sus hechos y hazañas muy espantosas, cosas muy temerarias, y de muy gran encarecimiento de sus ánimos y acometimientos, que no se puede tratar en breve suma, porque han sido sus hechos temerarios tan grandes y tan espantosos que casi han tenido rendida la tierra con harta costa de los nuestros, y ansí no han podido ser sujetados. Poseen grandes tierras y muy ricas de metales de plata, que en algún tiempo será Dios servido se labren y descubran. [Hay, asimismo] otras tierras y gentes de otras naciones, porque hay gran noticia de ellas, que son las tierras de donde vinieron los mexicanos. Finalmente, con estos chichimecas se han señalado muchos capitanes famosos de nuestros españoles y muerto los más de ellos, continuando la milicia más cruel y bárbara que ha habido en el mundo, con arco y flechas y desnudos en carnes sin otro algún reparo ni defensa.

Capítulo IV. Que trata de las guerras que obieron entre los chichimecas y los aculhuaques de Tezcuco

Tornando a nuestro principal propósito, aquellos sinceros y antiguos chichimecas que vinieron a las poblazones y en seguimiento de sus parientes y amigos, trajeron por ídolo y adoraban por dios a Camaxtli, los cuales eran grandes cultores de los demás dioses e ídolos, que los veneraban y adoraban con mucha reverencia, e inviolablemente observaban sus preceptos e instituciones y promesas que les hacían. Este ídolo Camaxtli no pudo ser sino el mismo demonio, porque hablaba con ellos, y les decía y revelaba lo que había de suceder y lo que habían de hacer, en qué partes e lugares habían de poblar y permanecer. Eran, ansí mismo, estos chichimecas grandes hechiceros y nigrománticos, que usaban del arte mágico con que se hacían temer, y ansí eran temidos; por cuya causa no los osaban enojar las gentes vecinas y comarcanas. Y con esto se sustentaron muchos tiempos en Poyauhtlan, donde tuvieron su habitación algunos tiempos.

Visto por los comarcanos que iban ocupando muchas tierras y que grandemente se iban apoderando de ellas y enseñoreándose, les ovieron recelo y temor de que en algún tiempo no prevaleciesen tanto que después viniesen a ser señores y que los viniesen a sujetar, y, ansí mismo, porque estos chichimecas comenzaban a hacerles mala vecindad y algunos malos tratamientos, por quererse ensanchar y extender, de cuya causa los tepanecas y culhuas mexicanos, que estaban muy conformes y confederados, trataron de los desviar y hechar de Poyauhtlan y que fueran a poblar a otras partes. Por lo cual, les movieron guerra de parte de estos tepanecas [y] culhuas mexicanos, reinando en México Huitzilihuitzin, el año que ellos llamaban Cetochtli Zihuitl «año de un conejo», para la cual se juntaron grandes huestes por la laguna y por tierra y vinieron a dar sobre los chichimecas de Poyauhtlan. Los cuales, como fuesen gente belicosa y feroz, y a la continua estuviesen sobre el aviso, no estaban tan descuidados que no les salieran al encuentro con gran furia a defender y resistir su partido, defendiéndose con esfuerzo y ánimo terrible, y de tal suerte y manera que dicen las historias y antigüedades que desde donde está el pueblo de Cohuatlichan hasta el pueblo de Chimalhuacan y toda aquella marisma y orilla de la laguna, no había otra cosa sino arroyos de sangre y hombres muertos, de tal suerte y manera que el agua de la laguna por toda aquella ribera no parecía ser agua, sino pura sangre y laguna de sangre, toda ella convertida en sangre. Y con buen esfuerzo y maña corrieron y desbarataron a sus enemigos con gran afrenta, y se volvieron victoriosos y llenos de gloria a su principal asiento.

En memoria de tan sangrienta batalla comen los naturales de allí cierto marisco, que en esta laguna se cría, que tiene por nombre Izcahuitli, de lo cual hay mucha cantidad. Tiene color de sangre requemada [y] cara leonada, a manera de lama colorada. En la cual lama se coge mucha cantidad. Y la tienen por granjería los pescadores de allí. Y ansí, quieren decir que de la sangre que allí se derramó, se convirtió aquella lama y marisco de aquella color, lo cual es fábula. Más solo quedó en memoria de aquella guerra y cruel estrago que hubo en ella a manera de encarecimiento, porque «sangre» en la lengua mexicana se llama eztli y ansí (por corrupción del vocablo) se llama esta lama izcahuitl.

Pasada esta gran guerra entre los mexicanos tepanecas con los chichimecas, determinaron de irse de allí y pasar adelante en busca de tierras más extendidas y anchas donde más a su sabor y gusto estuviesen, y salir de aquella estrechura en que vivían, mayormente porque entendían estar malquistos con sus vecinos comarcanos, y porque, ansí mismo, su dios Camaxtli les decía que alzasen su real, que no había de ser allí su permanencia, que adelante habían de pasar a donde habían de amanecer y anochecer, dándoles a entender donde habían de ser señores supremos y vivir con descanso y quietud, porque dice la metáfora Uncantonazoncantlathuiz, oncanyazque ayancomican, «adelante habéis de pasar y no es aquí aún donde ha de amanecer y hacer Sol, y resplandecer con sus prósperos y refulgentes rayos». Y estando tan malquistos con sus vecinos, que forzosamente habían de tener reencuentros y pesadumbres, por evitar tan grandes ocasiones e inconvenientes, trataron con los señores tetzcucanos de cómo se querían ir y desviar de los tepanecas, porque su venida no había sido con intento de pelear sino de poblar donde hallasen comodidad para ello, pues traían sus hijos y mujeres y eran muchos, y otros ejércitos que atrás quedaban que venían en su seguimiento, pues que los trataban tan mal que ellos querían pasar adelante, hacia las partes de donde el Sol sale y llegar hasta la mar teuhtlixco anahuac, que quiere decir «al fin de la tierra y hasta la orilla y costa de la mar», pues era todo desierto y despoblado; y para emprender esta jornada querían tomar su beneplácito y que fuese con su licencia y voluntad, porque si algún tiempo les acaecían algunos infortunios y trabajos y adversidades, y los oviesen menester para algún socorro que, como hombres prosperados y que estaban de asiento, los favoreciesen como a hermanos, amigos y parientes.

Y ansí, en esta despedida y apartamiento pasaron grandes negocios de la una parte y de la otra con los aculhuaques tetzcucanos. Y al fin, quedaron resueltos en que se fuesen y que buscasen asiento donde pudiesen poblar a su voluntad y antes de esta partida, para más favorecellos, les dieron adalides y guías que los guiasen por las sierras altas de Tetzcuco y que les mostrasen desde la más alta cumbre de aquellas montañas y sierras de Tlallocan, altísimas y umbrosas. En las cuales he estado y visto, y puedo decir que son bastantes para descubrir el un hemisferio y el otro, porque son los mayores puertos y más altos de esta Nueva España, de árboles y montes de grandísima altura, de cedros, cipreses y pinares, que su belleza no puedo encarecer con palabras, que parece llegan al cielo por orden de naturaleza; y pues con palabras no puedo explicar los conceptos que a esto me inspiran, supla el buen entendimiento del discreto lector. Dejando aparte la Sierra Nevada y el Volcán, que son más altas de estas montañas, puso el Artífice del Mundo uno de los principales ornatos de su creación, que de la una parte se descubría todo el reino de los mexicanos tepanecas y su grande laguna, por la otra el reino y provincia de Tlaxcalla, Cholulla, Huexotzinco, Quauhquecholla, Tepeyacac, Tecamachalco y otras provincias de innumerables naciones, que visto lo uno y lo otro, se dan inmensas gracias al Artífice Universal de todo lo creado; mayormente, el día de hoy, que visto el retruécano que el verdadero Dios ha obrado con los suyos, se dan inmensas y sempiternas gracias y loores, [por]que lo que el demonio señoreado tenía, está el día de hoy reducido al verdadero Dios y su Iglesia militante. ¿Quién no se hasta de llorar de puro contento? ¿Quién no se goza con alegría sublimada con milagros tan conocidos y tan a las claras obrados, que al cabo de tantos millares de años haya sido Nuestro Señor servido de traer en conocimiento de su Santa Fe tantas y tan inumerables gentes y naciones? A su Divina Majestad se dan las alabanzas y gracias por tantas mercedes como cada día obra con sus criaturas racionales. Subidos los chichimecas con los adalides a las sierras de Tlallocan, descubrieron y divisaron desde allí grandes y amplísimas tierras, valles, sierras y llanos con sus ríos y fuentes, casi como otro nuevo mundo o nuevo hemisferio; y como los atalayas ovieron visto tan grandes tierras despobladas, [por]que de noche ni de día hobiese fuegos ni moradas, conocidamente vieron que eran tierras desiertas, yermas, habitables y por poblar. Y con esta noticia, bajaron de la sierra y, dando relación y noticia de lo que habían visto, hicieron grandes fiestas y solemnidades, especialmente los chichimecas a su ídolo Camaxtli, el cual dicen que les dijo hablando con ellos: que comenzasen a caminar, que aquella era la tierra en que habían de poblar y a donde habían de permanecer señoreando, y que comenzaran a marchar que ya era tiempo de no estar más en aquella provincia de Poyauhtlan, ni entre aculhuaques; mas que en sus necesidades y trabajos, les daría favor y ayuda y grandes socorros de gentes a su tiempo y cuando fuese menester.

De esta manera alzaron su real y poblazón, y la mayor parte de ellos comenzaron a caminar con mujeres e hijos hacia Chalco, aunque quieren decir, afirmativamente, que algunas cuadrillas de éstas caminaron hacia la parte Norte a poblar las provincias de Tullantzinco, por no subir ni atravesar las grandes serranías y puertos de la Sierra Nevada y Volcán de Amaquemecan. Acaecieron estas cosas desde el año Ome Tecpatl, que fue el año que poblaron en los llanos de Poyauhtlan los chichimecas por consentimiento de los Señores de Tetzcuco, y el año de Tres Calli, y el año de Cuatro Tochtli, y el año de Cinco Acatl y el año de Seis Tecpatl, y el año de «una Casa», que es Ce Calli, y el año de Cinco Tochtli, y el año de Nueve Acatl, y el año de Diez Tecpatl, y el año de Once Calli, y el año de Doce Tochtli, y el año de Trece Acatl, y el año de Dos Tecpatl, y el año de Dos Calli, que fue el año que llegaron a la provincia de Chalco Amaquemecan, después de la salida que hicieron de los llanos de Poyauhtlan.

Capítulo V. Que trata de los chichimecas y de los reyes de Tetzcuco; ansímismo trátase aquí de los caballeros hijosdalgos, que ellos llaman tecuhtles

Antes de que pasemos de aquí nos pareció tratar de las jornadas que vinieron haciendo los chichimecas desde que desembarcaron o pasaron aquel pasaje del agua y río o estrecho de mar, el año que tienen los naturales por su cuenta que dicen de esta manera. Año de Cinco Tochtli llegaron a las Siete Cuevas y de las Siete Cuevas vinieron a Mazatepec, en cuya provincia dejaron a Itztolli Axiunel personas principales, y de Mazatepec vinieron a la provincia de Tepenenec, que quiere decir «En el cerro del eco», y aquí mataron a Itzpapalotl, el cual mató Mimich a flechazos. De aquí vinieron a Comayan, donde tuvieron grande guerra hasta que por fuerza la destruyeron y ganaron; y de esta provincia de Comayan vinieron a la provincia de Culhuacan y a Teotlacochcalco y a Teohuitznahuac, aquí quisieron flechar y matar a una señora cacica, que se llamaba Cohuatlicue, señora de esta provincia, a la cual no flecharon, antes hicieron amistades con ella y la hubo por mujer Mixcohuatl Camaxtli, y de esta Cohuatlicue y Mixcohuatl Camaxtli nació Quetzalcohuatl; por cuya causa y razón dejó atrás declarado que aunque Quetzalcohuatl dijo que vino por la parte Norte y por Pánuco, y de Pánuco por Tulantzinco y por Tula, donde tuvo su habitación, todos estos vinieron por la vía del Poniente y, como fuesen personas tan principales y de grandes habilidades, los tuvieron por dioses, especialmente [a] Camaxtli, Quetzalcohuatl y Tezcatlipuca y [a] todos los demás ídolos; vinieron discurriendo por diversas partes de este Nuevo Mundo, y ansí estos que tuvieron por dioses debían ser nigrománticos, hechiceros y encantadores o brujos, o tenían hecho pacto o conivencia con el demonio, porque les hacía o [debían] por conjeturas alcanzar muchas cosas de las porvenir, o eran hombres nacidos de íncubos, pues tanto dominio tenía el demonio sobre ellos que bastaran para pervertir tantas y tan numerosas naciones de gentes.

Habiendo nacido Quetzalcohuatl en esta provincia de Tehuitznahuatl, les hizo grandes fiestas Xicalan, y les dio de presentes grandes dádivas de ropas de algodón. De esta provincia los llevó a Aculhuacan, y aquí dio el dicho Xicalan una hermana suya, llamada Coyollimaquiz, a un principal llamado Tzontecomatl, de cuyos padres nació Acul, y de éste nació Huehueyac, y éste hubo a Ilanaceytl Atotoz. Esta dicha Atotoz hubo [a] Quetzalchihuatzin, la cual casó con Ixtlilxochitl. Y de esta Quetzalchihuatzin y de Ixtlilxochitl nació y ovieron por hijo a Nezahualcoyotl, y de éste (qué fue el «Lobo Ayunador» de que atrás hicimos mención) nació Netzahualpilzintli, su hijo, de donde proceden los señores de Tetzcuco por línea recta.

Habiendo, pues, pasado por tantas tierras y provincias como atrás dejo referido, vinieron a pasar a Hueypuchtlan y Tepotzotlan. En esta provincia se armaron caballeros culhuatecuhtli: Xicalan se llamó Tecpanecatl (porque en esta ceremonia se trocaban los nombres, porque ansí era permitido por grandeza) y éste que se llamaba Cetecpatl lo llamaron Mixcohuatecuhtli y Mixcohuatl se llamó Chichimecatecuhtli; y estos que voy nombrando fueron los principales caudillos que trajeron estas gentes y sus mujeres, y a esta causa los voy aquí nombrando por sus nombres antiguos y a sus mujeres, porque hoy en día viven muchos principales de la descendencia de éstos, lo cual no pusimos al principio, que allí se había de hacer relación de éstos; mas no se ha perdido coyuntura, pues se deja entender que lo hacemos por dar noticia de los principales caudillos que hubo en el origen de estas poblazones, desde donde comenzaron esta su muy larga itineraria, [su] inaudita peregrinación. Finalmente, que Mixcohuatl y Hueytlapatli, Pantzin y Cocoltzin fueron caudillos de estas gentes; Xonecuilinan fue la mujer de Xicalan y Cetecpatltecuhtli tuvo por mujer a Yacaxoxouhqueilama, y Mixcohuatecuhtli tuvo por mujer a Totonilama. Llamóse el hijo de Xilacan, Mazatlhuehue, que casó con la hija de Cetecpatltecuhtli, que se llamó Centecihuatzin, de quien nació Tochtzin y Apanecatzin Cetecpatl hubo por hijo a Apantzin, y Mixcohuatl hubo por hijo a Acontzin.

Háse de advertir que en aquella era los chichimecas no tenían más de una mujer. Hoy en día, los indomésticos, que no tienen más de una, tienen en mucho los hijos varones que les nacen y aborrecen a las hijas. Los padres crían a los varones y a las hembras las madres. Por manera que como hubieren llegado a Poyauhtlan el año de Dos Tecpatl, y Tres Calli y Cuatro Tochtli y Cinco Acatl y Seis Tecpatl y Siete Calli y Ocho Tochtli y Nueve Acatl y Diez Tecpatl y Once Calli y Doce Tochtli y Trece Acatl Inanlir Tonalli, y el de «Un pedernal», que es Cetecpatl Xihuitl, fue el día que salieron de Poyauhtlan los chichimecas. Y dejaron allí a Chimalcuixintecuhtli, y éste fue a las provincias de Quauhchinanco con mucha parte de estas gentes a poballas, que es hacia la parte del Norte, y halló poblado allí a Macuilacafecuhtu, el cual lo recibió muy bien y de paz y le dio mujer con quien casó allí en Tollantzinco, y lo mismo hizo con Quauhtotolamihua.

De estas gentes se poblaron grandes provincias, como fue toda la sierra y costas del mar, como Tuzapan, Papantla, Tonatiuhco, Muxtitlan, Achchalintlan y Nauhtlan. Los que se armaron caballeros en Poyauhtitlan fueron: Ixcoatl Acolpitecuhtli que se llamó Pantzintecuhtli, y Tecpanecatl Cocotzin se llamó Mixcohuatecuhtli, y Hueytapachtli se llamo Chichimecatecuhtli.

Esta ceremonia de armarse caballeros los naturales de México y Tlaxcala y otras provincias de la lengua mexicana es cosa muy notoria. Y ansí, no nos detendremos en ello más de pasar sucitamente. Es de saber que cualquier Señor o hijo de Señores que por sus personas habían ganado alguna cosa en la guerra, o que oviesen hecho o emprendido casos señalados y aventajados, como tuviese indicios de mucho valor y fuese de buen consejo y aviso en la República, le armaban caballero. Lo mismo hacían con los mercaderes ricos, que, como fuesen tanto por sus riquezas, se ennoblecían y hacían negocios de hijosdalgo y caballeros. Los armaban caballeros por dos diferentemente: que [a] los caballeros de línea recta, los llamaban tepilhuan; al mercader que era armado caballero y a los finos que por descendencia lo eran, llamábanlos Tecuhtles. Estos se armaban caballeros con muchas ceremonias, porque ante todas cosas estaban encerrados cuarenta o sesenta días en un templo de sus ídolos. Ayunaban todo este tiempo y no trataban con gentes más de con aquellos que les servían. Y al cabo de los cuales, eran llevados al Templo Mayor y allí se les daban grandes doctrinas de la vida que habían de tener y guardar. Antes de todas estas cosas, les daban vejámenes con muchas palabras afrentosas y satíricas y les daban puñadas con grandes represiones, y aun en su propio rostro, según atrás dejamos tratado. Les horadaban las narices, labios y orejas, y la sangre que de ellos salía la ofrecían a sus dioses. Horadábanles las orejas y narices y bezos no con hierros, ni cosas de oro y plata, sino con agudos huesos de tigres y leones y águilas. Poníanles en las orejas orejeras de oro y bezotes de lo mismo, y en las narices se ponían piedras ricas. Allí les daban públicamente sus arcos, flechas y macanas y todo género de armas usadas en su arte militar. Del templo eran llevados por las calles y plazas acostumbradas con gran pompa, regocijo y solemnidad, llevando delante de ellos muchos truhanes y chocarreros que decían grandes donaires con que hacían reir a las gentes.

Este armado caballero hacía muy solemnes fiestas y costosas, y daba grandes presentes a los antiguos señores y caballeros, ansí de ropas como de esclavos, oro, piedras preciosas, plumería rica, divisas, escudos, rodelas, arcos y flechas, a manera de propinas, como cuando se doctoran nuestros letrados. Andaban de casa en casa de estos Tecuhtles dándoles éstos presentes y dádivas y lo propio hacían con estos armados caballeros después que lo eran. Y se tenía cuenta de todos ellos en la República. No se armaban muchos caballeros pobres hidalgos por su poca posibilidad, si no eran aquellos que por sus nobles y loables hechos lo habían merecido, que en tal caso [los armaban] los caciques cabezas y los más supremos, que eran reyes, pues tenían mero mixto imperio en sus tierras, horca y cuchillo para ejecutar los casos de justicia, como en efecto era ansí. Finalmente, los que horadan las orejas, bezos y narices de estos que ansí se armaban caballeros eran ancianos y muy antiguos, los cuales estaban dedicados para esto. Y ansí para los casos de justicia y consejos de guerra, servían estos caballeros veteranos de la República, los cuales eran temidos, obedecidos y reverenciados en grande veneración y estima, como atrás dejamos dicho. Al cabo de los cuarenta o sesenta días de ayuno de los caballeros nobles, los sacaban de allí para llevarlos al Templo Mayor, donde tenían sus simulacros [pues] no les horadaban entonces las orejas, narices ni labios, que son los de la parte de abajo, sino que [era] cuando se ponían en ayuno; entonces y ante todas las cosas, les hacían estas bestiales operaciones. En todo el tiempo del ayuno estaba en cura para que el día de la mayor ceremonia fuese sano de las heridas para que pudiesen ponelle las orejeras y bezotes sin ningún detrimento ni dolor. En todo este tiempo no se lavaban, antes estaban todos tiznados y embijados de negro, y con muestras de grande humildad para conseguir y alcanzar tan gran merced y premio, velando las armas todo el tiempo del ayuno, según sus ordenanzas, usos y costumbres, entre ellos tan celebradas. También usaban tener las puertas [de] donde estaban ayunando cerradas con ramos de laurel, cuyo árbol entre los naturales era muy estimado.

Capítulo VI. Que trata de la llegada de los chichimecas a Tlaxcalla y de la guerra que ovieron con los tepanecas mexicanos

El año de Dos Calli llegaron los ejércitos de los chichimecas de Poyauhtlan a la provincia de Amaquemecan, que fueron los que tomaron la derrota de los puertos aquende de la Sierra Nevada, hacia las provincias de Tlaxcalla y Huexotzinco, y Cholollan y Quauhquechollan, los cuales vinieron rodeando por las faldas del Volcán hacia Tetela, Tochimilco, Atlixco, Cohuatepeque y Tepapayecan. Aunque algunos quieren decir que se habían adelantado otras cuadrillas de chichimecas y venido a Cholollan el año de Un Acatl y que fueron los capitanes que allí vinieron Tololohuitzitl, Ixicohuatl, Quetzaltehuiac, Cohuatlinechcuani y Ayapantli, y que este Tololohuitzitl salió a recibir a los chichimecas a la provincia de Chalco y Amaquemecan y que los que en aquella era poseían la provincia de Chalco eran Petlacatl y sus hijos, [que] se llamaban Tlacatecuhtli, Xiuhtototl y Totcotzin. Movidos de esta provincia, vinieron a pasar a un lugar que se llamaba Tetliyacac, junto a Huexotzinco, el año de Tres Conejo. De este lugar se desaparicieron los ejércitos para ir a poblar las tierras que hallasen desocupadas.

El año Cuatro Casas fue[ron] Toquetzaltecuhtli e Iyohuallatomac y otro caudillo, que se llamó Quetzalxiuhtli, a poblar la provincia de Quauhquechollan y asentaron un poblazón en Cohuatepec.

Ansí mismo llegaron el año de Tres Conejos al lugar de Ahuayopan otras cuadrillas, habiendo llegado antes a poblar los ulmecas y zacatecas, a los cuales hallaron poblados, como atrás tenemos de ello hecha relación, en el lugar que tenían poblado, que se nombra Tecoyocan. En esta provincia se apartó un capitán que se llamó Ixcohuatl, que por otro nombre se llamaba Xopanuatecuhtli, y se fueron a la provincia de Zacatlan por no poder sufrir a los chichimecas, a cabo de grandes reencuentros que tuvieron y muchas muertes. En Totoyac pobló Tetzitzimitl, y Quauhtzintecuhtli pobló en Atlmoyahuacan. Entonces [se] entró por la poblazón de Huexotzinco: Cozcacuauhhuehue [pobló] en el barrio de Tecpan y Tlotlitecuhtli más abajo; en el barrio de Contlan pobló Tempatlahuac y el barrio de Xaltepetlapan pobló Cacamatecuhtli. Y Toltecatecuhtli pobló en Calpan y Cematecuhtli fue a poblar la parte de Atlixco, y hubo generación en el pueblo de Totomihuacan. En esta sazón de estas poblazones, no estaban divididas las provincias, hasta que por discordias y pasiones las vinieron a dividir. Por manera que fue a poblar Totomalotecuhtlioquichtzin de quien nació Tezoniztac, Ictopan y Ixtaccoyotl y Temayahui y Ocotochtli, en cuyo tiempo ganó y destruyó la provincia de Tepeyacac. Y fue a residir allí Quauhtzintecuhtli.

El año que llamaban de Cinco Pedernales, a los veinte días de su bisiesto, que llamaban Tititl, fueron movidos los ejércitos de los chichimecas para proseguir sus poblazones hacia la parte de Tepeyacac y Tecalpan. Y yendo marchando hacia la otra sierra nevada, que llaman Poyauhtecatl, y [hacia] las sierras de Napantecuhtli y las sierras de Perote, por no dejar cosa ninguna sin ver, llegaron a Amaliuhcan y a Nacapahuaxcan y Chachapatzinco, lugares que iban poblando y poniéndoles nombres conforme a los acaecimientos que les sucedían en su viaje, porque desde aquí comenzaron a usar a comer las carnes guisadas, cocidas y asadas, porque de antes las comían crudas y mal asadas en barbacoas, que eran más crudas que asadas. Y aquí, en estos lugares, los vino a ver y visitar Totolohuitzitl y Quetzaltehuiyac e Ixcoatl. Allí les dieron presentes de ollas de barro para que guisasen de comer, y ansí, por este nombre de guisar las carnes en ollas, lo llamaron Nacapahuacan y de aquí fueron a Huehuetlan y a Atlixtacan, Tepexico. Allí en Acapahuacan se armaron caballeros muchos de ellos, después de haber echado de sus tierras a los xicalancas y chozamecas y zacatecas, como en efecto lo hicieron, y les quitaron las tierras que poseían, y se fueron a poblar a otras partes y, después de esta destrucción, se vinieron a poblar muy despacio y de propósito a esta provincia de Tlaxcalla.

Entraron poblando por un lugar de esta provincia que se llama Acallan y Yacacuanac y Yacahuaca Capechapan, a donde hallaron a Tlalchiyac y Aquiyach, los cuales les dijeron que no tenían que parar allí, que aquellos términos los habían ganado ellos y adquirido por linderos de la provincia de Chololan y toda la sierra de Matlalcueye, que es la que llaman sierra de Tlaxcallan. «Estáis engañados respondieron los chichimecas, todo es nuestro y no hemos parado, que aún todavía caminamos.» Y ansí pasaron adelante por diversos lugares de esta provincia, haciendo poblazones, y llegaron a Contlan, donde está agora la ermita de San Bernardino, y allí pararon más de veinte días. El primero que faltó de aquí fue Atlapahuehue en compañía de Teyohualmiqui, gran encantador y hechicero. Y subidos en el cerro de Moyotepec flechó de noche este Teyohualmiqui a Cozcatecuhtli y lo mató y a Cuetlachuatecuhtli, y Textecoma Axotl Teotzin Zacatlamincetoxcatl. Y éstos llegaron después que rodearon estas tierras, después de la división que hubo en Tepeyacac, en ciento veinte días, y llegaron a la Sierra alta de Tepeticpac, que es en esta ciudad de Tlaxcalla, en el propio año de Cinco Pedernales. Finalmente, puestos en Tepeticpac acabaron de echar de allí a todos los ulmecas y zacatecas de estas tierras de Tlaxcalla y de Xocoyucan, donde estaban apoderados, que es cerca del pueblo de San Felipe de esta provincia, donde mataron a un capitán famoso, que se llamaba Colopechtli. Perdido su capitán, se fueron por la parte del Norte, caminando con sus mujeres e hijos, porque ansí los dejaron salir. Y fueron por Mitlinima y por Coyametepec y por Tlecoyotlipac, y por Mamaztlipilcayan y por Huehueychocayan, y como no hallaron por esta tierra cuevas en que meterse pasaron grandes trabajos, porque les llovió más de veinte días aguas menudas. Aquí tuvieron los viejos y niños muy gran llanto por las tierras que dejaban perdidas, y por esta causa se llama aquel valle el día de hoy Huehueychocayan. Y aquí quedó Coxana. Los demás pasaron adelante y llegaron a Atenatic, donde está agora el pueblo de la provincia de Zacatlan, con los Ixcohuatl, Xopancatecuhtli y Atala, [donde] asentaron su pueblo por consejo de Coxana, que debió ser el señor de todos estos ejércitos vencidos de los chichimecas de Tlaxcalla.

Puestos y apoderados de la sierra de Tepeticpac, enviaron desde allí a Tzomacatl a la provincia de Xilotepec; y los que fueron a poblar a Xicochimalco, fue[ron] Pucaniocchitl y su mujer, Pucani Axoch, que después fue llamado el dicho Pucaniocchitl, Cipactecuhtli. Y como los chichimecas tanto se iban apoderando de toda la tierra, y haciéndose señores muy poderosos de ella, y todas las gentes que habían traído, y habiéndose encastillado y cogido la más inexpugnable sierra para su fortaleza, considerando los comarcanos pobladores que de tanta fortificación de estos chichimecas no podría redundar ningún bien para ellos, porque desde allí los habían de supeditar y tenellos por vasallos, lo cual no cabía en razón porque todos eran unos, iguales en linaje, pues habían venido a poblar, [dijeron] que cada uno se contentase con lo que había adquirido y ganado para sí y para sus deudos y demás descendientes, [y] determinaron de no sujetarse a ellos, que eran los chichimecas mayores y más principales, los cuales poblaron las tierras de Tepeticpac, que fue llamada Texcalticpac y Texcalla, y de Texcalla [hicieron] Tlaxcalla. Y substrayéndose, como se substrajeron, de su antiguo reconocimiento, presuponiendo quitalles y atajalles la pujanza que llevaban de señorear todo el mundo y derriballes de su altivez y soberbia, y que cada uno se quedase con lo que oviese ganado, dividiendo sus provincias y lugares y señalando sus términos para que fuesen conocidos y no estar sujetos a un solo gobernador, rey ni capitán. Y estando en esta contingencia, tanto pudo la codiciosa ambición que entre sí movieron guerras civiles, conspirando contra sus mayores capitanes y señores y caudillos que los habían traído y guiado de tan lejanas tierras y cansadas peregrinaciones, [y] ovieron lugar de tener entrada los alborotos y rebeliones entre estos bárbaros, [quienes] no pudieron sufrir mayoría ni igualdad. Y ansí, con voz de libertad en boca [y] con la mayor parte de la gente plebeya que vino con ella, dieron tras sus más principales capitanes chichimecas, en tanto grado, que vinieron a guarecerse a las cumbres más altas de Tepeticpac. Todo lo cual hicieron a fin de substraerse y ser señores de lo que habían ganado y poblado con sus gentes. Y ansí, conjurados contra los chichimecas mayores y más poderosos que entonces había, vinieron a rompimiento y a tener la más cruda y sangrienta guerra civil que en el mundo ha habido, matándose unos a otros como enemigos crueles y rabiosos perros, siendo hermanos contra hermanos, padres contra hijos, hijos contra padres, mezclándose la sangre derramada de ellos propios y de su propia Patria, que con palabras no se pueden explicar ni encarecer las no pensadas crueldades que en esta guerra se usaron y acaecieron.

Desbaratados los chichimecas de Texcaltepec de la gran traición que contra ellos usaron, se retiraron a sus fuertes con gran ofensa que los contrarios les habían hecho hasta que los vinieron a sitiar y poner cerco por todas partes para acaballos, con gran muchedumbre y pujanza de gentes que contra ellos convocaron, que necesitaron y obligaron a los chichimecas de tal manera, que enviaron por socorro a la provincia de Tetzcuco, y a los señores de allí y [de] otras partes, donde tenían amigos capitanes que por su mano habían puesto y repartídoles provincias en que estaban poblados. Y ansí Colhuatecuhtli, único señor de Texcalla y de Tepeticpac, envió a llamar a Cipactecuhtli, que estaba en las poblazones de Xicochimalco y lo fue[ron] a llamar Huitzilacan y Quiltlilxochapanecatl, los cuales no se hallaron en este combate ni cerco, ni menos Pantzintecubtli, porque estaban ocupados en las poblazones de Xalpan y en las de Itztlotlan. [En] el año de Nueve Pedernal quieren decir que fue el acaecimiento del cerco que se puso a esta insigne y muy inexpugnable ciudad de Tlaxcalla, que fue la primera guerra que contra ella se tuvo. A la cual vinieron a socorrer los tetzcucanos con grandes ejércitos y poder, y truxeron por presente a Culhuatecuhtli, un vaso de alabastro muy fino que le enviaba por grandeza el señor de Tetzcuco con un capitán belicoso y valiente llamado Chiname, el cual con sus gentes fue muy bien y agradablemente recibido. Y estando fortificado en los riscos de Tepeticpac con muchas albarradas y fosas y otros reparos y pertrechos de guerra, y muy grandes profundos despeñaderos que tiene la propia sierra de peña tajada, estuvieron encastillados allí aguardando el fin que había de tener esta guerra comenzada. Fue tan grande la fuerza y reparos que los chichimecas aquí hicieron, y fue su intento hacella con tanta pujanza, que fue más para inmortalizar su fama y memoria, que para defensa y resistencia presente, y por si en algún tiempo no les sucediese alguna siniestra y contraria fortuna u otra cualquiera adversidad, como suele acaecer en el mundo a los muy prosperados y favorecidos de ella. Y ansí, puestos en razón de guerra aguardaban el fin, porque su ídolo Camaxtli les tenía asegurado que habían de ser vencedores de todas las gentes, y allí había de ser el principio de su monarquía.

Señoreando en aquella era y sazón en la provincia de Huexotzinco Xiuhtlehuitecuhtli, como viese que tan prósperamente los chichimecas se iban apoderando de toda la tierra y como cada día les venían gentes de socorro de diversas partes y lugares, procuró abreviar la guerra, para lo cual envió por socorro a los mexicanos tecpanecas, reinando en México todavía Matlalihuitzin. Rogóle Xiuhtlehuitecuhtli [que] le enviase socorro contra los chichimecas de Poyauhtlan, sus enemigos capitales, porque se iban rehaciendo con grandes fuerzas y usurpándole las tierras que tenía ganadas, y estaban en determinación de no parar hasta llegar a los confines de la tierra y costa del mar; y que no sería razón se les diese tanto lugar, ni que se apoderasen tanto, siendo tan crueles y belicosos, como lo eran. Visto por Matlalihuitzin, rey de México, la persuasión de Xiuhtlehuitecuhtli, maravillándose de tan gran novedad y repentina mudanza, no supo que le responder hasta que al fin procuró cumplir con el dicho Xiuhtlehuitecuhtli y le prometió enviar socorros como se lo pedía. Visto también por el rey de los mexicanos tecpanecas lo que contra los chichimecas trataban los de Huexotzinco envió a dar aviso de ello a los chichimecas, diciéndoles por sus embajadores de esta manera: «A vosotros, los poseedores de la alta cumbre de Tlaxcalla, sabed que somos mensajeros y embajadores del muy Gran Señor, vuestro sobrino y pariente, aquel que señorea y tiene en guarda las aguas de la gran laguna de Tenochtitlan. El llamado Matlalihuitzin os envía a decir y avisar cómo la gente trasera de Huexotzinco y su caudillo, Xiuhtlehuitecuhtli, le ha enviado a pedir socorro, porque quiere venir sobre vosotros y moveros muy cruda guerra, y que ruega a este Gran Señor nuestro, el que a ti nos envía, le favorezca con gran muchedumbre de gente que venga en su ayuda contra vosotros, el cual se la ha prometido y se la piensa enviar, y de tal manera que no le sea provechosa para ningún efecto, sino tan solamente que haga una reseña con apariencia de socorro, y no porque haya de combatir contra vosotros. Enviamos a daros aviso para que de una parte estéis enterados que ni él ni sus gentes os vendrán a ofender. Por tanto, os ruega con grande instancia que no seáis contra los suyos, que no vienen a pelear sino a hacer una manera de cumplimiento para con los de Xiuhtlehuitecuhtli, señor de Huexotzinco. Y esto se nos mandó que dijésemos a los chichimecas, y que cuando hagáis vuestros encantamientos que reserváis a los mexicanos, no les hagáis ningún daño, como lo hicísteis cuando la gran batalla de Poyauhtlan a la orilla de la laguna».

Pasado esto, Culhuatecuhtlicuanez envio a dar las gracias al señor de México de la merced y aviso que le había mandado decir. Y puestos ya en orden para venir en regimiento de guerra, habiendo ganado las voluntades de sus confederados y amigos y estando todos juntos en lo más alto de la cumbre de Tepeticpac, entraron a hacer oración en el templo de su ídolo Camaxtli, ante el cual pusieron muchas cañas de carrizo, xara y puntas de vardascas, todas con sus lengüetas y arpones, cantidad de nervios y plumas para hacer flechas y saetas. Y colocado esto ahí, invocaron al demonio con muy grandes oraciones, pidiéndole les favoreciese y ayudase, pues en todo tiempo lo había hecho ansí, y que agora más que nunca lo habían menester, pues los suyos propios habían conspirado y rebeládose contra ellos, lo cual pedían con grandes lloros y gemidos, ayunos y sacrificios que le hacían. Fuéles respondido por el mismo demonio que no temiesen y les fue revelado que usasen de una superstición o encantamiento, el cual luego se hizo en esta forma: puestos en esta diabólica oración buscaron una doncella muy hermosa que tenía una teta grande mayor que la otra, la cual trajeron al templo de Camaxtli y la dieron a beber un bebedizo medicinal, que, tomado, provocó que la teta tuviese leche, la cual le extrajeron y no salió de ella más de una gota, la cual pusieron en un vaso que llamaban «Vaso de Dios», que tenía la hechura siguiente: el asiento era redondo y ancho y en medio un remate redondo, a manera de botón, en lo alto, que era la copa del vaso a manera de un cáliz, que tenía el altor de un codo, de madera muy preciada, negro de color de ébano, aunque otros dicen que era de piedra negra muy sutilmente labrada de color de azabache, que la hay en esta tierra y la llaman los naturales Teotetl, que quiere decir «Piedra de Dios». Sacada esta leche y puesta en el vaso, y las cañas de carrizo, y las arponadas lengüetas y vardascas con los nervios de venados, todo junto en el altar y tabernáculo de Camaxtli, lo cubrieron de rama laurel y hallándose en este estado su sacrificio y diabólica superstición, le ofrecieron papel cortado, espinas, abrojos y picietl, que es una yerba que parece beleño. En aquella época, los chichimecas no se sacaban sangre, ni se sacrificaban las carnes, solamente ofrecían papel blanco cortado, perfumes oloríficos, codornices, culebras y conejos que mataban y sacrificaban ante su ídolo Camaxtli. Ansí mismo, le ofrecían abrojos y picietl.

Habiendo puesto los chichimecas esta superstición por obra, los sacerdotes del templo, y el mayor de ellos, que le llamaban Achcauhtli teopixque tlamacazcuachcauhtli, comenza[ron] a orar e incesar con grandes perfumes ante el tabernáculo de Camaxtli, y allí donde estaba el vaso de leche que había destilado de la mujer doncella, comenzando desde la mañana, a medio día, a puestas del Sol y a media noche, incesaban y perfumaban. Lo cual se hizo tres días arreo y siempre mirando en el vaso de las saetas [por si] se obraba algo en ello. No vían que hacían ningún efecto sus hechicerías, antes la gota de leche estaba ya casi seca y marchita y encogida. Habiéndose de dar el combate [al] otro día, estando los chichimecas muy acongojados y afligidos, llegó a ver el sacerdote mayor el vaso y las cañas de carrizo, jara, nervios y puntas de vardascas, todas con seis lengüetas, y halló que las saetas y arpones estaban fabricadas, hechas y encajadas en las cañas, las vardascas todas con sus lengüetas y emplumadas, y el vaso lleno de espuma a manera de saliva y escupitina, finalmente, espumando aquella leche y en grande abundancia que se derramaba del vaso y hervía por todo el altar. En este tiempo, ya el campo de los huexotzincas y todos sus demás aliados se habían puesto en haces, y repartidos sus escuadrones por orden para romper la batalla, y entrar por los fuertes de los chichimecas con gran osadía y ánimo temerario y atrevimiento, con espaldas y favor de todo el común y gente plebeya y demás parcialidades que habían convocado para la total destrucción de los chichimecas y de Culhuatecuhtlicuanez, su caudillo mayor. Sin género de pusilanimidad que quieren decir ni cobardía, que las gentes que para este efecto se habían convocado cubrían los cerros y campos, que casi agotaban los ríos y arroyos por donde pasaban, el cual número no sabré decir porque no he hallado quien lo pueda saber por noticia ni memoria. Mas, al fin, se dice que se hicieron grandes escuadrones en esta manera: en los campos y cerros de Xoloteopan, que es junto al barrio de

San Nicolás, y en Totollan, donde está la Iglesia de Señor San Juan, y todo aquello hasta el puente de Panotlan y el barrio de Teotlapan, donde está la ermita de la Purificación, y el barrio que es agora de San Marcos Contlantzinco; finalmente, que toda la redondez de la sierra estaba tomada por todas partes para dar el combate a la sierra de Texcalticpac.

Y a este tiempo, el socorro de México que venía a los huexotzincas no hizo más que hacer una reseña y vista, y se subieron a unas sierras muy altas que llaman Hualcaltzinco Quauhtlipac, que no llegaron al socorro. Y colocados en este puesto y extremo los chichimecas, cercados de tantos enemigos y con gran riesgo de perderse, [al] otro día siguiente, que había de ser el combate postrero y final de toda la guerra, los sacerdotes y el [sacerdote] mayor del templo de Camaxtli fueron al sacrificio, comenzando a hacer sus ofrendas y a perfumar a su oráculo con los inciensos y sacrificios acostumbrados y diabólicas supersticiones y acabado esto, no sin gran turbación, llegaron a ver sus hechizos y supersticiosos encantamientos y hallaron que estaban todas la flechas formadas y en su perfección acabadas, y el vaso de la venenosa leche lleno hasta arriba que vertía por todas partes. A esta sazón, los ejércitos huexotzincas comenzaban con grande y muy altanera gritería y alaridos a combatir contra los chichimecas y a subir por la sierra, y yendo por esta orden les salieron al encuentro los defensores de su patria con la mayor furia y resistencia que pudieron. A los primeros golpes y reencuentros de su combate prendieron a uno de los contrarios y lo llevaron a sacrificar ante el ídolo Camaxtli, y a ofrecerlo por primicia y ofrenda sacándole el corazón, abriendo al miserable prisionero por el siniestro costado. Después de sacado por mano del cruel y carnicero sacerdote el corazón, lo puso por ofrenda en el altar del pésimo y horrendo ídolo de Camaxtli, cuando aún estaba palpitando, pues aún no se habían acabado a enfriar los espíritus vitales. Fue desollado en un instante, quitado el cuero y puesto sobre uno de ellos atado y ceñido con sus propias tripas. Arrastrando por el suelo los pies y manoplas del sacrificado, se presentó de aquella forma ante su infernal ídolo, hecho Chipe (que ansí llamaban a los que hacían esta ceremonia y diabólico espectáculo, que eran aquellos que se vestían de cueros humanos desollados). Y a este tiempo tocaban sus atambores, bocinas y caracoles marinos y trompetas de palos y otros instrumentos de guerra sonoros con grande estruendo y ruido, acompañado de aquella inmensa gritería que el coraje les causaba, que, como rabiosos perros, arremetían a sus contrarios, los unos por vencer y los otros por defenderse y resistir a sus enemigos; unos contra otros pugnaban con el mayor ímpetu porfiado que podían, y con el arrebatado furor que su pasión les encendía se incitaban. Allí, las piedras duras con las tejidas hondas desprendidas, que con tempestuoso estruendo ofendían con sus duros golpes, por los aires se despedazaban y deshacían de los encuentros que se daban. Allí, el torbellino de las saetas y varas tostadas que se arrojaban los brazos desnudos y [los dardos] el claro día oscurecían, con espesas polvaredas, el diáfano y cristalino aire espesaban, entretejiéndose [tanto] unas con otras que los rayos del Sol impedían [ver] con su velocidad y furia brava. El campo belicosísimo asombraba según la muchedumbre de tiros y saetas que por los aires volaba con increíble ímpetu y espesura. El daño y ofensa que de la una y de la otra parte se hacían [era tal, que] la sangre derramada de los miserables cuerpos muertos y heridos que por los cerros y collados corría, con avenidas de agua llovida puede ser comparada, que por imposible caso se puede poder contallo,

Ya en este tiempo y en la mayor furia del combate, el sacerdote mayor del templo, con mayor ahinco y eficacia, oraba invocando el favor del demonio fiero y animando con altas voces a los rústicos capitanes valerosos, diciéndoles «que no temiesen, que el tiempo del vencimiento y de la victoria era llegado, que ya su gran dios Camaxtli se compadecía de ellos»... Y diciendo estas nefarias e inícuas exhortaciones, tomó el vaso de la leche, que estaba espumando, y lo derramó sobre aquel que estaba vestido de la piel del soldado prisionero, y tomando incontinente una flecha de las que por arte diabólico se habían forjado, tiróla con un arco corvo, grosero y mal formado a sus enemigos. Luego, al mismo instante, las saetas comenzaron a moverse y salir con gran furia contra la gente enemiga, y comenzando a herir en ellos a gran priesa, se levantó una niebla espesa y oscura que unos a otros no se veían. Aquí fue el matarse, sin saber cómo, unos a otros y sin conocerse ni saber con quien peleaban. Y ansí, tornados ciegos y turbados con turbación mortal y temeraria, unos se despeñaban por grandes y profundos voladeros; [otros iban] mirando atrás y huyendo, sin saber por donde, despavoridos. Sucediendo [otros] casos desastrosos no oídos, ni en el mundo acaecidos, que se cuentan por memorables y hazañosos. Las grandes barrancas y quebradas quedaban llenas de cuerpos muertos [y] las mujeres chichimecas, viejos y niños imposibilitados salían al despojo de tan sangriento campo a prender y cautivar seguramente las gentes que querían. Quedaron tales con este endemoniado hecho, que casi no escapó nadie que no quedase muerto o cautivo; y los que pudieron escapar llevaron tales nuevas que tenían bien que contar eternamente de su derrota. Visto por los mexicanos el fin de la batalla cruel y lamentable, se tornaron a sus tierras desde los cerros de Tlamazcatzinco, como atrás dejamos referido, sin querer ellos menearse ni llegar al socorro de los huexotzincas con quien ellos venían. Lo cual pasó por el año de Nueve Pedernales, según su cuenta. Lo cual dejó numerado Tequanitzin Chichimecatl Tecuhtli en unos cantares o versos que compuso de sus antepasados teochichimecas, primeros pobladores de la provincia de Tlaxcalla.

Hállase que en esta edad, los chichimecas de aquellos tiempos no tenían más de una mujer, y que no se sacrificaban sus carnes, ni se sacaban sangre para ofrecer al demonio, como atrás dejamos declarado. Hacense en esta Historia memorables dos batallas, las más crueles y lamentables que en el mundo han pasado, la una la de Poyautitlan a orillas de la laguna, desde Cohuahichan hasta Chichimalhuacan, que pasó en el año de Un Conejo; y la segunda y última de Texcalticpac, que pasó el año de Nueve Pedernales, ya memorado por el dicho Tequanitzin, hombre muy principal y sabio de la cabeza de Quiahuiztlan, de quien el día de hoy hay sucesores y descendientes en la ciudad de Tlaxcalla, reputados por muy principales en la República de ella. Y como tal persona que fue la de Tequanitzin Chichimecatl Tecuhtli, dejó en memoria estas dos guerras como hombre de fe y crédito; por lo que sus historias son celebradas y tenidas, inmortalizando la fama de sus antepasados y eternizando su memoria entre los vivos desde los siglos pasados y presentes, como se eternizará en los venideros.

Capítulo VII. Que trata de la fundación de Tlaxcalla y
de los señores que se sucedieron en su gobernación

Pasada esta guerra y puesto los chichimecas tan grande espanto en toda esta máquina de este Nuevo Mundo, pretendieron tener amistad con todos los comarcanos y no enojarlos jamás. Ansí fue que luego se confederaron con los tepanecas, culhuas mexicanos [y] aculhuaques tetzcucanos, prometiendo que no se enojarían unos a otros. Lo mismo sucedió con los huexotzincas, cholultecas, tepeaqueños, quauhquecholtecas e itzucanos, y con los de Quauhtlinchan, Totomihuacan, y con chochos, pinumes, tecamachalcas, quecholtecas de Quecholac y con los de Tecallimapan, que por otro nombre se llaman Tecala, [y] con los de Teohuacan y cozcatecas de Cuzcatlan y Teotitlan. Sin [contar] otras gentes de otras provincias de los ulmecas y zacuhtecas, iztacas y maxtilanecas, tlatlauhquitepecas, tetellacas y zacatecas. Finalmente, tuvieron paz con todas estas gentes, provincias y naciones muchos tiempos sin tener ninguna refriega [y] trataban y contrataban entre sí con toda amistad. Habiendo este asiento y conformidad universal, tuvieron lugar de hacer sus poblazones, haciendo límites y mojoneras de lo que cada provincia había de tener, para lo cual señalaban ríos, sierras y cordilleras de serranías grandes, haciendo sus compartimientos según y de la manera que cada legión y capitanía lo merecía, o le había caído en suerte, poblando en las mejores partes que podían y según los méritos, deméritos o calidades de las personas. Y puestos en esta comunicación, se fue hinchando la tierra toda en tanto crecimiento que en trescientos años ocuparon toda la Nueva España de mar a mar, desde la costa del Sur hasta la del Norte, y desde las partes del Poniente hasta la costa de Oriente, que es hacia Tabasco, Champoton, Yucatán, Cozumel, Campeche hasta la Higüeras, quedando otras muchas provincias sin podellas nombrar, como son las de Cohuatzacoalco, Cempohuallan, Nauhtlan, que es agora donde llaman Almería, Tonatiuhco, Tozapan, Papantla, Achachalintian, la provincia de Meztitlan y toda la Huaxteca de Pánuco, hacia la parte del Norte en cuanto a nuestro centro; que para ir nombrando todas estas provincias, sería gran prolijidad, Y ansí evitaremos lo más que pudiéremos, de manera que se ha de entender que estas poblazones se hicieron en toda Nueva España, esto es, en todo lo descubierto de este Nuevo Mundo, y ansí se ha de comprender.

Dejadas estas provincias en su tranquilidad y paz, volveremos en lo que toca a la ciudad y provincia de Tlaxcalla, que es donde particularmente hacemos nuestra relación. Habiendo pues poblado los chichimecas en los riscos y peñascos que quieren decir en lengua nahuatl Texcalticpac o Texcalla, que, andando el tiempo, se vino a llamar Tepeticpac, Texcallan y, más adelante, Tlaxcalla, como a los principios de esta relación dejamos dicho, que ésta fue y en este lugar la fundación de este reino y provincia; siendo señor único Culhuatecuhtli de los tlaxcaltecas. Y teniendo éste un hermano menor, que se llamó Teyohualminqui Chichimecatecuhtli, boo de Tepeticpac, Texcalla o Ocotelulco, que quiere decir «en el barrio alto del pino» o «en el altozano del pino», y la casa que pobló se llamó Culhuacan en memoria de Culhuacan, de donde vinieron. Y ansí, el primer señor se llamó Culhua Tecpanecatl Quanexteyoalminqui con el cual hermano partió amigablemente la mitad de toda la provincia de Tlaxcalla y de todo lo que se había ganado y poblado. Por consiguiente, partió con él, dándole una parte de las reliquias de Camaxtli Mixcohuatl, que eran sus cenizas, de las cuales ansí mismo quedaron parte de ellas en la ciudad de Huexotzinco cuando se quedaron a poblar en aquella provincia los chichimecas, como atrás hemos dejado tratado. De las cuales cenizas hablaremos en adelante en lo que vinieron a parar después de la venida de Cortés y sus españoles.

Habiendo, pues, dado Culhuatecuhtlicuanez a su hermano la mitad de todo lo que había ganado, entró a gobernar sus gentes con gran prudencia al barrio de Culhuacan, Tecpan y Ocotelulco, quedando el reino de Culhua dividido en dos partes. Fue tan valeroso por sí ese dicho Teyohualminqui, que por su persona supeditó y avasalló la mayor parte de esta provincia de Tlaxcalla, y en muy breve tiempo se hizo mayor señor que Colhuatecuhtli, su hermano, y de tal manera prevaleció que, olvidada la fama de éste, vino a ser tenido por mayor señor.

Por su fin y muerte le sucedió su hijo Tlailotlactetzpantzin, que se llamó Tlacatecuhtli, el cual gobernó con gran benignidad sus gentes, sin ninguna discordia ni alteración, aunque en sus tiempos hubo muchos acaecimientos, de los cuales no trataremos por evitar prolijidad y también por abreviar. Este Tlailotlactetzpantzin después de sus días por su muerte, dejó a Acatentehua, su hijo, en el reino y señorío de Aculhuacan, Tecpan y Ocotelolco. El cual fue uno de los más belicosos príncipes que hubo en aquella tierra y tiempos, porque, demás que él sustentó todo lo que sus antepasados habían ganado, se dio tal maña que con sus astucias hizo grandes asientos y parcialidades entre los suyos, de tal manera que les ganó grandemente las voluntades con tales repartimientos de tierras y otras dádivas y franquezas. Y ansí, llegó a gran prosperidad y mandó en la mitad de lo que le fue dado de la provincia de Tlaxcalla. Y habiendo gobernado más de cincuenta años, siendo ya viejo de ochenta y aún de más edad, vino a ser tan gran tirano y soberbio, que la gente plebeya no podía sufrir más sus tiranías.

Conocido el disgusto de ésta por Tlacomihua, señor del barrio de Ocotelolco, [éste] indujo con mañas y negociaciones [a] muchas gentes y a la mayor parte de las parcialidades, a que conspiraran contra Acatentehua, su príncipe, señor y primer rey, que para ello les daría favor y ayuda. Tanto pudieron las palabras de adulación con que les habló, y tanta fuerza tuvo la voz universal del pueblo, que, viendo tan buena ocasión, no quisieron dilatar su conjuración comenzada. Alterados todos, y puestos en armas, sin saberse [esto] entre los allegados, deudos y parientes de un tan gran príncipe y señor, fueron a su casa con mano armada, y, con voz de libertad, le dieron de macanazos, ejecutando su tiránica y alevosa ambición hasta que le acabaron. Después de muerto, le hicieron grandes exequias según sus costumbres, le quemaron su cuerpo, recogieron sus cenizas y las pusieron en un relicario.

Antes que su traición fuese entendida, fueron a las casas de los principales amigos y parientes del desventurado rey, con los cuales hicieron lo propio, matándoles los hijos y sobrinos y parientes más cercanos que tenían hasta la quinta generación, porque no quedasen reliquias de su estirpe y descendencia que [en] algún tiempo pretendiesen la restitución del reino. Mas con todas estas prevenciones quedaron dos hijos suyos pequeños, que unas amas que los criaban los escaparon, huyendo en trajes de mujercillas pobres y viles. Lleváronlos a criar entre la gente pobre fuera del poblado, por las heredades y campos y lugares pequeños. Después que llegaron a ser mocitos, como fuesen de tan ilustre sangre, su naturaleza no apetecía la rusticidad del campo, antes, inclinándose a cosas más altas, porfiaron con las amas que los habían cuidado [para] que los pusiesen en servicio de algún señor, lo cual hicieron ansí con gran temor, entendiendo que los matarían. Y fue su ventura y suerte tal que habiendo compasión de ellos Texcopille, persona muy principal en aquellos tiempos, los recibió en su casa y crió como a hijos, entendiendo quienes eran. Este mismo les hizo restituir alguna parte de sus bienes y señorío, pues el día de hoy viven muchos que descienden de ellos.

Capítulo VIII. Que trata de los sucesores de Tlacomihua, cuarto señor de Ocotelolco

Ejecutada acción tan atroz, atrevida y temeraria, y saliéndose con la empresa sus autores, sucedió en este reino Tlacomihua, señor de Ocotelulco, principio de los Maxixcatzin. Muerto Tlacomihua, le sucedió en el Estado su hijo Xipecoltzin Cuitlizcatl, [a quien] sucedió Tlatlalpantzin Cuitlizcatl, el cual vivió poco, porque su hermano Tlapapalotzin lo mató. Muerto Tlapapalotzin, sucedió en el reino Maxixcatzin, en cuyo tiempo vino Fernando Cortés; fue cristiano leal, amigo de la cristiandad y fidelísimo señor, amparo y defensa de los españoles, como constará por las crónicas, que de ello habrán escrito copiosamente.

Tiranizado el reino de Acatentehua, luego hubo bandos y disenciones sobre quién había de señorear y ser tenido por príncipe de Culhuacan, Tecpan y Ocotelolco, porque como Acatentehua tuviese muchas hijas casadas con principales señores de esta república estaban los yernos amotinados de tal manera que no prestaban consentimiento a que Tlacomihua reinase en paz hasta que restituyese a los hijos de Acatentehua alguna parte de su reino y señorío. Lo cual concedió que ansí fuese. Y para complacer a todos, dividió y repartió grandes repartimientos a todos los más que tenían parentesco con Acatentehua, y de lo mucho que tenía repartido en muchas personas, todas tuvieron poca parte, y con esto se aplacaron. Los descendientes de Acatentehua por línea recta, aunque pobres, son principales señores [y] por tales estimados y tenidos. Y aun los más principales de esta provincia se precian de que vienen del linaje y sucesión de Acatentehua.

Finalmente, que desde Tlacomihua hasta Maxixcatzin Tianquiztlatoatzin, que halló Cortés, tuvo su reinado. Y desde Maxixcatzin sucedió don Lorenzo Maxixcatzin, el cual murió en España, yendo a dar la obediencia al Emperador don Carlos. Por su muerte sucedió su hermano don Francisco Maxixcatzin Acuacuatzin, que por no tener hijos le sucedió después de sus días en el señorío un sobrino suyo, hijo de su hermana, que se llamó don Juan Maxixcatzin Oltzeliuhcatzin, el cual dejó después de su muerte dos hijas habidas en dos mujeres, con quien fue casado en haz de la Santa Madre

Iglesia, y por ser mujeres no han heredado, porque tienen duda sobre quién ha de heredar esta cabecera. Antiguamente, no heredaban las hijas los mayorazgos sino los hijos varones, pues las hijas casaban con señores y personas que no tuviesen necesidad y ansí no les daban dotes, ni menos los mayorazgos por ellos vinculado [los cuales] jamás se dividían, pues tan solamente eran obligados a alimentar a todos los hermanos y parientes de aquella casa. Y ansí, perfectamente no se deshacían, y conservaban en sus buenas y loables costumbres, y permanecían.

Tornando a la sucesión de Maxixcatzin, nos conviene decir de su descendencia y prosapia, porque algunos lo tienen en opinión de advenedizo, oscuro y bajo linaje. Lo que pasa en este caso es que, como atrás dijimos, cuando los chichimecas vinieron poblando desde la laguna de Poyauhtlan, después de aquella gran guerra que tuvieron con los de México, vinieron rodeando el volcán y poblando muchas tierras y provincias, y dejando gentes, y con ellas caudillos muy principales, como en efecto ansí fue. Se quedaron en Cholollan muy gran copia de gentes pobladas y, entre ellas, chichimecas muy calificados y principales de mucha cuenta. Habiendo pues, dado orden y asiento en aquella provincia como en todas las demás, y lográndose una paz universal en toda esta tierra, después de la gran destrucción y estrago que los chichimecas hicieron contra todos aquellos que los quisieron destruir, estando en Texcaticpac apaciguando todo y olvidados de sus pasiones por la tranquilidad y sosiego, se salieron de Cholollan algunas parcialidades de gentes y se vinieron a vivir a esta provincia de Tlaxcalla. Entre ellos, se vino al barrio de Tecuitlizco, Tecuhtotolin, padre que fue de Xochihuamemeloc, del cual procedió Tlacomihuatzin y de Tlacomihuatzin sucedió Xipincoltzin y a éste, después de sus días, Tlatlalpaltzin Cuitlizcatl. Este vivió poco, porque lo mató su hermano Tlapapalotzin, y luego sucedió Maxixcatzin, su hijo. Maxixcatzin tuvo dos hijos y una hija, que fueron don Francisco Acuacuatzin y don Lorenzo, el cual murió en Castilla, habiendo dado obediencia al Emperador don Carlos. Vino el Marqués (148) en tiempo de este don Lorenzo, y don Francisco su hermano sucedió en el señorío pequeño. Tuvo hijos y por su muerte sucedió en la cabecera don Juan Maxixcatzin Oltzetzeliuhcatzin, como arriba dejamos dicho. Finalmente, este fue el principio y origen que tuvieron los Maxixcatzin, que, aunque de buena descendencia, habían sido advenedizos de la provincia de Chololan y recibidos por vecinos en esta Ciudad de Tlaxcalla y por huéspedes de Acatentehuatecuhtlí; y al cabo quedaron por Señores hasta la venida de Cortés, que halló en el gobierno de la cabecera de Ocotelolco a Maxixcatzin Tianquiztlatohuatzin, por divina providencia, y le fue muy fiel amigo y de todos sus comilitones, como es notorio.

Capítulo IX. Que trata de las cabeceras de Tepeticpac y
Tizatlan, y de sus señores y gobernadores

Habiendo dado fin a lo tocante a la cabecera de Ocotelolco, señorío de Maxixcatzin, que fue la segunda, tornaremos a tratar de la primera de Culhuatecuhdicuanez, señor de la cabecera de Texcalticpac Tepeticpac y por otro nombre Texcalla, y después Tlaxcalla. A Culhuatecuhtli le sucedió en el señorío su hijo Teixtlacohuatzin, el cual gobernó con mucha quietud y paz en el reino de Tepeticpac. Después de sus días dejó en él por sucesor a Tlamacatzin, el cual vivió muy poco tiempo, porque como era hombre de guerra, yendo a una entrada con su gente murió en ella. Mas quedó en su lugar Tlehuexolotzin, su hijo, que por otro nombre se llamó Tlacaxcaltecuhtli. A éste halló Fernando Cortés, que, ansimismo, le recibió de paz y le hizo un buen acogimiento. Después de muerto Tlehuexolotzin, le sucedió don Gonzalo, que fue muy buen cristiano, como adelante veremos y diremos de su muerte y buen acabamiento. Y a éste sucedió don Francisco de Mendoza, su hijo, y este don Francisco dejó a otro don Francisco, bisnieto de Tlehuexolotzin. De éstos han quedado dos niños, el uno se llama don Diego y el otro don Leonardo, que hoy viven.

Pues estando este reino dividido en dos partes con la muerte de Acatentehuatecubtli, señor que hubo sido de Culhuacan, Tecpan y Ocotelolco, con las disensiones y discordias de su muerte resultaron grandes trabajos en su reino. Dividióse Tzompane de la cabecera de Ocotelolco, aunque todos bajaron de Tepeticpac. Mas éste hizo barrio de por sí y ansí bajó a Teotlalpan, donde está el día de hoy una ermita de Nuestra Señora de la Purificación, donde vivió muy sosegado con sus gentes y amigos que le quisieron seguir, y gobernando muchos años sin ninguna contradicción. Y ansí, fue en crecimiento su poblazón y en grande aumento. Y habiendo pasado el discurso de su vida con mucha quietud, le sucedió en aquel gobierno Xayacamachan su hijo, que por otro nombre, después de armado caballero, se llamó Tepolohuatecuhtli. Este gobernó con mucha cordura y con su buena industria ilustró tanto su barrio que casi competía con Tepeticpac y Ocotelolco en grandeza y prosperidad. Y como fue en tan gran crecimiento su negocio, luego se introdujo la envidia y, con acervo atrevimiento e ingrata imaginación, los suyos conspiraron contra él, que, estando salvo y seguro, le dieron muerte cruel y lo acabaron, y a todos sus parientes hasta la quinta generación. Esta era la costumbre que tenían para castigo de los que eran traidores y lo mismo se hacía contra aquellos que vivían gobernando en daño de la República.

Muerto Xayacamachan Yaotequihua Aquiyahuacatl por su fin, sucedió en el señorío uno que era llamado Zozoc Aztahua Tlacaztalli. Y pasó el gobierno y reino de Culhuatecuhdicuanez en triunvirato, que de un reino se dividió en tres partes. Este Aztahuatlacaztalli pasó en lo alto de Tizatlan su señorío, donde hasta hoy ha durado y permanecido, que en la tercera cabecera de Tlaxcalla, llamada la cabecera de Tizatlan. A Aztahua Tlacaztalli, después de sus días, le sucedió Huitlalotecuhtli; mas éste vivió muy poco, pues casi no hay memoria de él. Muerto Huitlalotecuhtli sucedió Xayacamachan, hijo de Aztahua, que tomó el nombre de Xayacamachan, el primero que mataron, el cual gobernó con mucha felicidad y se hizo muy gran señor, y fue muy temido y reverenciado de los suyos en la parte de Tizatlan, el cual dejó su República puesta en gran razón y concierto. Por su fin y muerte, sucedió Xicotencatl, persona valerosísima que por su persona hizo grandes cosas en las guerras que se le ofrecieron en sus tiempos. El cual vivió más de ciento veinte años y a éste halló Fernando Cortés y le hizo muy grande recibimiento, porque entró por sus tierras y se las hizo llanas y seguras hasta que le metió en Tlaxcalla y le aposentó en sus propias casas y palacios. Este fue el primer cristiano que recibió el bautismo y se llamó don Lorenzo Xicotencatl, aunque todos los cuatro señores de las cuatro cabeceras se bautizaron en un día. Este era tan viejo que quieren decir que para poder ver a Cortés y a los españoles, le alzaban los párpados de los ojos.

Tuvo este Xicotencatl muchos hijos hombres y armados caballeros, porque tuvo más de quinientas mujeres y mancebas, y no era posible menos sino que tuviese muchos hijos, y ansí el día de hoy, la mayor parte de los principales de Tlaxcalla proceden del linaje de Xicotencatl. Este, después de cristiano, no vivió tres años cabales, y le sucedió Axayacatzin Xicotencatl, su hijo, aunque tuvo el gobierno antes que el padre muriese mucho tiempo, por estar tan viejo e imposibilitado. Este murió ahorcado en Tetzcuco, porque se volvió de la guerra de México, yendo con Cortés por general de su gente, el cual, teniendo amores con una cacica, muy principal señora, y no pudiendo sufrir tan grande ausencia, se vino de la guerra, y lo mismo hizo otras dos veces, que le fueron perdonadas. No curó de mirar en lo más importante, que yendo últimamente con Cortés se volvió, y quejándose éste a la República de Tlaxcalla, [dijo] «que cómo se usaba con él tal traición en que se volvían de la guerra los más principales capitanes, que no podía entender sino que era traición la que contra él se trataba para entregalle a sus enemigos, y que si no fuese esto, que este caballero Xicotencatl había cometido traición y grande delito [y] que los españoles que tal cometían, que morían por ello. Que mirasen lo que les parecía y lo que en este caso debían hacer, y que le diesen nueva seguridad de la amistad y palabra que le habían dado».

Vista por los Señores de Tlaxcalla querella tan formidable de Cortés, y la razón que tenía, le respondieron con los embajadores que le enviaron, diciéndole: «que ellos estaban tan confusos y admirados de cosa tan mal hecha, que si en sus costumbres y leyes de guerra hallaban que tenían pena de muerte los que en semejantes tiempos dejaban a sus capitanes, que la misma ley era la suya, y aún más rigurosa, y que, por tanto, que allá se lo enviaban preso, que él hiciera lo que más le convenía según costumbre de guerra, y mandase ejecutar la justicia en él para que le fuese castigo y a los demás ejemplo». Y esta sentencia final dio Maxixcatzin, porque, en efecto, lo tenía por de mal pecho y por traidor, porque cuando vino desbaratado Cortés de México, y enviando los príncipes mexicanos a las cuatro cabeceras y universidad de Tlaxcalla diciéndoles que acabasen de matar a los cristianos y que no consintiesen gente tan extraña y belicosa entre ellos, porque les venían a tiranizar y sujetar su monarquía, y a usurpársela debajo de engaño, con decir que eran caminantes y que iban de pasada a otras tierras, que mirasen lo que hacían, y que si les acabasen de matar ellos partirían la mitad del imperio con Tlaxcalla y que habría paz perpetua entre ellos; entrando en consulta, siempre Maxixcatziti fue de contrario parecer, y este Xicotencatl Axayacatzin estuvo en que se hiciese y concediese lo que los mexicanos pedían. De lo cual, enojado Maxixcatzin, le dio de rempujones y [le] hizo venir rodando por unas gradas abajo, diciéndole palabras de gran vituperio y teniéndole guardada ésta y viendo su mal respeto en haberse vuelto de la guerra, fue de parecer que muriese. Y ansí [fue] preso y [puesto] a buen recado de consentimiento de su padre Xicotencatl, que aún no era muerto, aunque [si] decimos que le había sucedido en el gobierno este Axayacatzin es porque le tenía por coadjutor y por estar tan imposibilitado, como estaba, gobernaba por el padre. Cortés tuvo en mucho negocio tan arduo e importante caso, porque ansí convenía. Y como los de Tlaxcalla, sus leales amigos, concedieron con su voluntad, vista tan buena ocasión para hacerse temer, le mandó ahorcar en la ciudad de Tetzcuco a vista de todo el campo y señores de aquel reino. No puso poco espanto tan gran atrevimiento: cometer en tierras tan remotas [una] osadía de tan gran temeridad como ahorcar a un hijo tan querido de Xicotencatl. Mas como las cosas eran guiadas por Dios y conocida por Cortés su ventura y dichosa suerte, a ninguna cosa que acometía tenía por imposible, pues los oráculos con su venida enmudecieron, y [ni] los encantamientos, ponzoñas ni las yerbas mortíferas tuvieron fuerza para con el pueblo cristiano, ni menos la muchedumbre de gentes, [que] pusieron espanto a aquella pequeña suma de cristianos, que, confiados en su verdadero

Dios, todo se les hacía fácil, y nada [en] el universo mundo [les impedía] atropellar y conquistar en una hora. En nada, lo tuvieron todo. Y como son secretos de Dios, ninguno puede comprenderlos y, ansí, lo dejaremos para loarle con sempiternas gracias.

Muerto Axayacatzin Xicotencatl, sucedió en el señorío Teuhtlipil Itzehecatzin, el cual vivió poco. Por fin de éste, sucedió su hermano Motenehuatzin Xicotencatl. Este fue con Nuño de Guzmán a la guerra de Xalisco, que llaman Nueva Galicia de Compostela, el cual murió en la guerra de Culhuacan,, que por otro nombre se llamó Tlamacaztecuhtli. A este Motenehuatzin Tlamacaztecuhtli, después de su muerte, sucedió en la cabecera de Tizatlan un sobrino suyo, hijo de Itzehecatzin, su hermano, el cual se llamó don Luis Xicotencatl y vivió muy poco tiempo. Este dejó un hermano, que se llamó don Bernardino Escobar, a quien venía de derecho la casa y señorío de Tizatlan; mas sucedió en la casa y Estado don Juan Quauhxayacatzin Xicotencatl, hijo bastardo de Xicotencatl «el viejo». Y al tiempo que murió, dejó en el señorío a don Juachin de la Cerda, su hijo. Y Juachin dejó a Doña Francisca de la Cerda, su hija, la cual después casó con don Leonardo Xicotencatl, nieto de Itzehecatzin Xicotencatl, hijo de don Bernardino de Escobar, que hoy viven. Los cuales casaron por concierto y porque se tenía sospecha que don Juan Quauhxayacatzin [y] su hijo, don Juachin de la Cerda, no poseían con buena conciencia el Estado y por quitalles de contingencia se dispensó con ellos, y poseen juntamente la casa de Xicotencatl. Aunque se ha de advertir que en sus antiguos ritos y costumbres como un padre tuviese tres o cuatro hijos nunca sucedían directamente, sino aquellos hijos que más aceptos estaban en la República. Especialmente, era costumbre y ley muy usada que los hermanos iban sucediendo en las herencias y Estados hasta que todos se acababan y después tornaban a heredar los hijos de los hermanos mayores, y por esta orden seguían sus herencias. Y esto alegaba don Juachin Xicotencatl Quauhxayacatzin: que era hermano menor de los hijos de Xicotencatl y que él había de gozar del señorío de Tizatlan, como le gozó, con buena conciencia. En lo que erró fue que no había de dejar por heredero a don Joachin, su hijo, sino que volviese la sucesión a los hijos del hijo mayor. Y a esto respondía que ya vivía en la ley de Dios y que conforme a las leyes y fueros de España y de la cristiandad, que los dejaba a su hijo don Juachin. Finalmente, que para atajar razones se celebraron estos casamientos. Y de hoy en adelante se guardará la sucesión según nuestras antiguas leyes, aprobadas por tan santas y católicas, como lo son.

Capítulo X. Que trata de la fundación de la cabecera de Quiahuitztlan y de sus señores y gobernadores
Hemos tratado de la sucesión de los Xicotencas largamente; razón será que tratemos de la cuarta parte de Tlaxcalla, que será de la cabecera de Quiahuitztlan, que no menos valor tuvo que las demás cabeceras, ni menos origen ni principio.

Es de saber que [cuando] los chichimecas, primeros pobladores, vinieron poblando por Amaquemecan y vinieron rodeando las faldas de la Sierra Nevada y Volcán, algunos de ellos siguieron el rumbo del Norte y fueron a poblar las tierras de Tullantzinco y demás provincias de aquella sierra, como atrás dejamos referido. [Mas] algunas cuadrillas y legiones se quedaron en la provincia de Tepetlaoztoc, que en una legua de Tetzcuco hacia la parte del Norte, donde hallaron muy grandes cuevas en que vivir, y ansí se llama Tepetlaoztoc, porque quiere decir en lengua nahuatl mexicana. «En las cuevas de la Tezca». Y allí poblados, pasaron adelante sus capitanes más principales y, caminando, llegaron a la provincia de Tlaxcalla, en la cual hallaron poblados a sus amigos los chichimecas, que vinieron rodeando las Sierras Nevadas y Volcán, y hallando pobladas y ocupadas tan buenas y fértiles tierras, trataron con Culhuatecuhtlicuanez [para que] les acomodase en alguna parte de lo mucho que tenía como Señor Universal de toda la provincia de Tlaxcalla y Texcalticpac. Dióles cómodamente lo que fue necesario para su poblazón; de suerte que tuvieron conocido lo que habían de poseer. Y esto les sucedió antes del gran cerco que se les hizo por los huexotzincas, porque se hallaron en Texcalticpac a la defensa de su patria. Luego de como pasó la refriega, se fueron a poblar la parte de Quiahuitztlan, que es la cuarta cabecera de Tlaxcalla, que dicen de Citlalpopocatzin. El primer Señor de ella fue Mizquitl, al cual le sucedió Timaltecuhtli. A éste le sucedió Tozcoyohuatecuhtli; a éste, Cohuatzintecuhtli; a éste, Quetzalhuitzin; [y] a éste, Zacancatzin, que no reinó más de un año. Y por su muerte, le sucedió Iyactzin; y a éste, Citlalpopocatzin. Llamose ansí, porque cuando nació se vio en el cielo una cometa muy grande y espantoso que echaba muy grande humo de muy grande cola. En el tiempo en que éste reinaba vino Hernando Cortés, que, ansímismo, le fue leal amigo y de todos los cristianos y ayudó en la conquista contra los mexicanos valerosamente. Después de sus días, quedó en el gobierno de esta cabecera Quetzalcohuatecuhtli. A éste sucedió Tlatlachtzintemilotecuhtli, llamado don Antonio. Muerto éste, sucedió don Thomás de Santa Cruz y, porque fue incapaz para el gobierno, le sucedió don Julián Motolinía, y a éste, don Antonio de Luna, que hoy vive.

 Hase de advertir aquí que al principio y origen de esta cabecera fueron heredando por línea recta y derecha sucesión hasta Xipantecuhtli y hasta Citlalpopocatzin. Como fue la herencia sucediendo en hermanos, cuando vino a dar la vuelta, que habían de heredar los hijos del primer hermano, hubo discordias. Dende allí en adelante, como eran todos primos y hermanos, acordaron que sucediese el señorío por elección, como fuese ésta entre los mismos pretensores e interesados. Esto se ha venido guardando y observando hasta hoy. Finalmente, que con esto he acabado de tratar de la descendencia de las cuatro cabeceras de Tlaxcalla, reinos y señoríos, que no fue otro nuestro fin, aunque, para mayor claridad, quiero ponerlo por más extenso, porque no se oscurezca su memoria por la venida de los cristianos y primeros españoles.

Capítulo XI. Principio y origen del señorío y reinos de Tlaxcalla, y de los primeros fundadores

La primera fundación fue la cabecera de Tepeticpac, la cual fundó y pobló el único señor y rey, llamado Culhua Quanez, primer señor de los teochichimecas, que quiere decir tanto como, «divinos chichimecas texcaltecas», venidos de las partes del Poniente en cuanto a nuestro centro, de muy lejanas partes desde las Siete Cuevas, pasando grandes desiertos, montañas, ríos, ciénegas y otros trabajos y peregrinaciones. Sucedió a Culhua Quanez en su señorío Atexcalihuehue; a éste, Pantzintecuhtli; a éste, Cocotzin; a éste, Teixtlacohuatzin; a éste, Umecatzin, el cual murió en una guerra contra los mexicanos. Y sucedió en su señorío Tlehuexolotzin Tlacazcallitecuhtli y reinando éste en su cabecera con felice estado llegó Cortés, en cuyo tiempo se conquistó y ganó la tierra. Por muerte de Tlehuexolotzin, sucedió en la cabecera don Gonzalo, su hijo, [llamado] Tecpanecatl Tlachpanquixcatzin; y a éste, don Francisco de Mendoza, su hijo, que es en nuestros tiempos.

La cabecera de Ocotelolco. Llegados que fueron los teochichimecas, segundos pobladores de estas tierras y de las provincias de Tlaxcalla, según sus historias antiguas, porque echaron de ellas a los ulmecas y xicalancas, luego que Culhua Quanez pobló en Texcalticpac, partió con un hermano suyo e hizo división de la tierra nuevamente poblada y ganada, dándole el señorío de toda la mitad de ella para que poblasen sus parientes, amigos y comilitones suyos, como en efecto pobló con gran pujanza y poder, poniendo sus leyes y estatutos como señor absoluto y poderoso, el cual fue llamado Cuicuitacatl, haciendo su fundación en Ocotelolco, en la casa llamada Tecpan, que quiere decir «los palacios reales y casa del señorío». A éste sucedió Papalotl; a éste, Culhuateyohualminqui. Todos estos vivieron poco tiempo y al fin vino a suceder en esta casa de Tecpan Ocotelulco Acatentehuatecuhtli Tlatohuani, que siendo muy viejo, y habiendo reinado dichosamente más de cincuenta años, y siendo de más de ochenta, por envidia conspiraron contra él y lo mataron en voz de que era tirano por usurpalle su señorío. Después de muerto, causada gran turbación en la República sin entender la causa por que tal cosa sucedía [y] andaban las gentes aturdidas sin saber que hacerse y las mujeres y niños daban grandes alaridos. Los matadores y tiranos que tal crimen cometieron presentándose en su casa so pretexto de visitalle, le dieron muerte a porrazos, como díchose ha, prendieron a sus hijos, hijas y mujeres y cuanto haber pudieron de su generación hasta la cuarta y quinta, y a todos los pasaron a cuchillo. Con todo, escaparon algunos niños de cuna, hijos de Acatentehuatzin, que hoy viven y son respetados por señores, aunque pobres.

    Hecha esta crueldad y tiranía, los señores de la casa de Texcalticpac acudieron al socorro y venganza de esta maldad [con] algunos amigos y deudos; mas por no derramar más sangre patricia de la que se había derramado, considerando que lo hecho no tenía remedio sino aplacar los negocios pasados, se dispuso que quedase el señorío en Cuitlizcaltecuhtotolin, por cuyo nombre se llamó la casa de Cuitlizco. Este vivió como un año en el señorío y le sucedió Xohuatecuhtlimemeloc. Los que conspiraron contra el señor Acatentehuatecuhtli eran advenedizos de Chololan, recibidos por huéspedes de este señor como deudos y parientes suyos que habían quedado poblados allí. Les hizo amistad y como fuesen gente belicosa que no se contentaba con poco, procuraron con halagos pasarse a esta provincia con el ánimo ambicioso de enseñorear esta tierra, y con dádivas, mañas y buenas astucias ganar la voluntad de muchos perversos para poner en ejecución sus odiosos propósitos, como lo hicieron. A Xohuamemeloc sucedió en el señorío Tlacomihuatzin, el cual tiranizó de todo punto el señorío de Tecpan Ocotelolco y lo gobernó en paz sin ninguna contradicción, siendo rey y señor absoluto de toda la cabecera de Ocotelolco. A éste sucedió Macatzin Chichimecatl Tecuhtli, y a éste Maxixcatzin, su hijo, en cuyo tiempo llegó Hernán Cortés. Sucedióle en el Estado don Lorenzo Maxixcatzin Tianquiztlatohuatzin, «Señor del mercado», el cual murió en los reinos de Castilla yendo a besar las manos al Emperador Carlos V y a dalle la obediencia. Por su muerte, y no dejar hijos, le sucedió don Francisco Maxixcatzin Acuacuatzin y por no dejar hijos el dicho don Francisco le sucedió don Juan Maxixcatzin Otzetzehuicatzin, su sobrino, hijo de Ullamanitzin, señor del barrio de Atlamaxac y de una hermana suya, que es en nuestros tiempos.

La cabecera de Quiahuiztlan, llamada Mapitzahuacan, se gobernaba por elección, porque eran muchos señores deudos hijos de hermanos y, por evitar discordias, se elegía por ellos el que los debía gobernar; estos gobiernos eran de por vida. La fundación de este reino y cabecera fue la última de las cuatro de esta ciudad, que fueron los postreros que llegaron y vinieron en demanda de los demás. Se dividieron en dos o tres legiones y cuadrillas después de la gran mortandad y derrota de Poyauhtlan Cohuatlichan. Los más vinieron rodeando el Volcán, como está referido, por Tepetlaoztoc, Zacatzontitlan, Teomolixco, Zultepec, Yahualiucan. Mazapan, Quauhtepec, Ocelotepec, hasta que llegaron a esta provincia y poblaron en Quiahuiztlan, do fueron muy bien recibidos de sus deudos. La otra cuadrilla llevó la vía de Tollantzinco, Xilotepec, Tototepec y Pahuatlan, como lo tenemos tratado.

Y tornando a la fundación del señorío de Quiahuiztlan, fue el primer Señor Mizquitl, sucedióle en el gobierno Timaltecuhtli; a éste, Taxcoyohua; a éste, Cohuatzintecuhtli: a éste, Quetzahuitzin; [y a éste] Zacancatzin, el cual fue llevado de la cabecera de Ocotelolco del barrio de Contlantzinco por discordias que los señores ovieron en la cabecera de Quiahuiztlan y, por eso, el dicho Zacancatzin es descendiente de ellos por brazo femenino. Estando por principal y señor de Quiahuiztlan, fue llevado a la cabecera en conformidad de su República y fue señor de ella dos años, y sucedió en el señorío Iyactzin Teohuatecuhtli, que también vivió poco en el gobierno. Por su muerte sucedió Citlalpopocatzin Quetzalcohuatecuhtli, en cuyo tiempo llegó Cortés. Sucedióle Tlaltentzin Temilotzin, a éste, don Tomás de la Cruz. Y por ser de poco fruto en las ocasiones de aquellos tiempos, eligieron en el mando y gobierno de esta cabecera a don Julián Motolinia Moquetlacatzin, y por fin y muerte de don Julián sucedió don Antonio de Luca Omacatzin. Y por cuya muerte sucedió don Juan de Mendoza, que actualmente vive, por ser hijo de don Baltazar Cuauhtecolotl, hijo de don Julián Motolinia Moquetlacatzin.

Habiendo tratado de las tres cabeceras y de su principio, nos resta decir de la fundación y principio de la cabecera de Tizatlan, casa muy principal de Xicotencatl, amigo leal de los cristianos, aunque es de la cabecera de quien habíamos de tratar antes en este lugar, y es por alargarnos más. Estos caudillos principales y muy señalados bajaron de la cabecera de Tepeticpac y poblaron en un valle y llano llamado Teotlalpan. El primer poblador y fundador de este señorío y casa fue llamado Xacayamachan Tzonpanetepelohuatecuhtli. El cual, estando en su prosperidad, lo mataron por envidia que de él tuvieron, por ser tan bueno y bien quisto, que atraía a sí muchas gentes por su afabilidad, regalos que les hacía y grandes franquezas y liberalidades que usaba con los suyos; y como se iba engrandeciendo con tanto poder, obieron temor de él, no viniese a ser tan poderoso que los supeditase a todos y tiranizase. Estando en quietud, una noche conspiraron contra él y lo mataron, tomando por ocasión que era tirano. Después de muerto le asolaron las casas hasta el suelo, diciendo que se quería alzar con todo el reino de Tlaxcalla y que andaba [a]llegando parcialidades para poner por obra su mal propósito y dar gusto a los ambiciosos, y con este color le ovieron de dar fin y cabo, y en este tiempo.

Por muerte de Xayacamachan se pasó el señorío y se subió al barrio de Tizatlan, sucediendo en el mando de aquella cabecera Zozoxyaotequihua Aquiahuacatl, [a quien] después de sus días, sucedió en el señorío Aztamatlacaxtli Tecuhtli; y de éste sucedió otro Xayacamachan Tlazcaltecuhtli; y de éste, Xicotencatl, hijo de Aztahua, en cuyo tiempo vino el Marqués, y le recibió de paz él y los suyos con muchos regalos y favores que le hizo. Después de muerto, le sucedió Itzehecatzin Teuhtli Piltecuhtli. Aunque hubo el dicho Xicotencatl muchos hijos, que dejó en toda Tlaxcalla grande generación, [pues] vivió más de ciento cuarenta años, [y] hubo más de cien hijos e hijas y entre ellos muchos y muy valerosos hombres y capitanes. Después de su muerte sucedió Motenehuatzin Tlamacaztecuhtli en el señorío de Tizatlan. Este murió en la guerra de Culhuacan, yendo con Nuño de Guzmán a aquella conquista. Por su muerte, sucedió don Juan de Vargas Quauhxayacatzin, quedando por tutor don Luis Xicotencatl, hijo del dicho Motenehuatzin, y por su muerte sucedió don Juachin de la Cerda y por venir la sucesión por vía transversal, salió a la causa don Leonardo Xicotencatl, nieto de Itzehecatzin, diciendo pertenecerle a él el señorío por línea recta y derecha sucesión, y no a los herederos de don Juachin de la Cerda. Hubo entre ellos concierto, [por] que el dicho don Leonardo Xicotencatl casó con la hija de don Juachin de la Cerda, llamada Doña Francisca de la Cerda Tehculhuatzin. Y ansí, han sucedido en el Estado de Xicotencatl y lo tienen en nuestros tiempos en gran conformidad de toda su cabecera.

Capítulo XII. Que trata de la nobleza tlaxcalteca y de la enemistad que hubo con los culhuas mexicanos

Los capitanes famosos y muy diestros en la guerra que llevó Cortés a la de México son hijos de señores y hombres de cuenta y calidad. Son los que siguen. Primeramente, de la cabecera de Ocotelolco salieron Tecohuanitecuhtli Acxotecatl, Cehecatecuhtli, Tecpanecatl, Tenamazcuicuiltecuhtli, señor de Tepoyanco, Calmecahuatecuhtli Petlacoltzintecuhtli; de la cabecera de Quiahuiztlan salieron Quanahtecatl Tecuhtli Quauhquentzin, Tepultzin, Tlachpanquizcatzin, Chichimecayaotequihua, Tepalnencatzin, Temaxahuitzin, Omemaní Nezahualcoyotzin Cocomitzin, Acxotecatl Tzinhcohuacatl, Quauhtapalcantzin; sin otros muchos que por la variedad del tiempo se han olvidado sus nombres antiguos.

Las divisas y armas principales de la casa de Ocotelolco de los maxixcatzis, son una garza o pájaro verde, llamado Quetzaltototl, sobre un peñasco, que es una ave de plumas verdes muy preciadas, tiene el pico de oro y en los encuentros de las alas dos patenas redondas de oro y sobre la cola otra. La divisa y armas de la cabecera y casa de Tetcola es una garza blanca sobre otro peñasco. La divisa y armas de la casa y cabecera de Quiahuiztlan es un penacho de plumas verdes a manera de ala o aventador, que traían por divisa y armas los señores de esta cabecera, y el día de hoy la estiman en mucho, llamado Quetzalpatzactli. La cabecera de Tepeticpac tiene por armas y divisa un lobo muy feroz sobre unas peñas, que tiene en la mano un arco y flechas. No se hace caso de otras armas y divisas al ver que son muchas y [de] diversas maneras conforme a sus antiguas usanzas. Ágora tornaremos, prosiguiendo nuestra relación, a tratar lo que sucedió después de la derrota de los de Texcalticpac, y cómo se fueron amplificando y ensanchando, y la ocasión que tuvieron los culhuas mexicanos de tener guerras, enemistades y disenciones con los tlaxcaltecas, y en qué tiempos.

Después de ser pasada la guerra cruel de los chichimecas de Texcalticpac, como atrás dejamos tratado, comenzaron a bajarse de allí y a fundar pueblos y lugares. Fundose la cabecera de Ocotelolco y la de Tizatlan y Quiahuiztlan. No tan solamente se ha de entender que fueron cuatro los señores de esta República, porque, ansimismo, se poblaron muchos pueblos y lugares de otros principales chichimecas, que habían sido caudillos en su venida, capitanes, maestres de campo y de otros oficios y cargos tocantes a la milicia. De los cuales, el día de hoy, hay casas fundadas de muy buenos mayorazgos y otras casas solariegas, a las cuales tenían reconocimiento como casas mayores de donde procedía su linaje, como la que se fundó en Tepeticpac, que fue la primera cabecera, que acudían a ella con reconocimiento y respeto de rey, y lo mismo se hacía en la cabecera de Ocotelolco, Tizatlan y Quiahuiztlan. De cada casa de éstas y cabeceras procedían otros muchos tecuhtlis mayorazgos, que quiere decir «caballeros y señores», y otras casas que llaman pileales, que es como decir «casas solariegas de principales hombres hidalgos». En lo cual se tenía particular cuenta, porque los descendientes de éstos son estimados como hombres calificados, que, aunque sean pobrísimos, no ejercen oficios mecánicos, ni tratos bajos, ni viles. Jamás se permiten cargar, ni cavar con coas, ni arados, diciendo que son hidalgos y que no han de aplicarse a estas cosas soeces y bajas, sino servir en guerras y fronteras, como hidalgos, y morir, como hombres, peleando. La cual locura virtuosa dura y permanece hasta agora, diciendo que son hidalgos y caballeros desde ab initio y que agora lo son mejor, porque se convirtieron al verdadero Dios y se han tornado cristianos, dando la obediencia al emperador don Carlos, Rey de Castilla, demás y allende de esto le ayudaron a ganar y conquistar toda la redondez y máquina de este Nuevo Mundo, dándole el derecho y acción que tenían contra los mexicanos para que fuese universal rey y señor de ellos, y que por esto son hidalgos y caballeros. Estas y otras fanfarrias y locuras dicen, que jamás acaban de blasonar, y ansí cuando un mal español los maltrata le dicen que es mal cristiano, que no es hidalgo ni caballero, porque si lo fuera que sus obras y palabras fueran modestas, como de caballero; que debe ser villano, moro, o judío, o vizcaíno, y al remate, cuando no hallan palabras con que podelle vituperar, le dicen: «al fin, eres portugués», pensando que en esto le han hecho muy grande afrenta.

Tornando a nuestro propósito comenzado, que es haber tratado de las casas de mayorazgos y señorío, y de las casas solariegas, cualquier capitán o Tecuhtli que fundaba una casa o vínculo de mayorazgo [con] todos aquellos soldados que tenía a su cargo en aquel repartimiento de tierras y montes que se le había dado, hacía después otro repartimiento, el cual era de esta forma y manera que diremos. Cualquier Tecuhtli que fundaba un Tecalli, que es «casa de mayorazgo», o Pilcalli, que es «casa solariega», [tomaba] todas aquellas tierras que le caían en suerte de repartimiento con montes, fuentes, ríos o lagunas [y] tomábase para la casa principal la mayor y mejor suerte o pagos de tierra. Luego, las demás que quedaban se repartían para sus soldados, amigos y parientes igualmente. Todos estos estaban obligados a reconocer la casa mayor, a acudir a ella, a alzalle, reparalle y a ser Continos en ella, con reconocimiento de aves y cazas, flores y ramos para el sustento de la casa del mayorazgo. El que lo era estaba obligado a sustentarlos y regalarlos como amigos de aquella casa y parientes de ella, ansí es que se llaman teixhuihuan, que quiere decir los «nietos de la casa de tal parte». Estos repartimientos de tierras se partieron a terrazgueros e hicieron poblazones en ella, y éstos eran vasallos y, como tales, les pagaban tributo y vasallaje de las cosas que criaban y cogían. Y por esta orden vinieron a ser caciques y señores de muchas gentes y vasallos que los reconocían y pagaban vasallaje, de los cuales fundaron pueblos y lugares muy principales con que se sustentaron y gobernaron su República por buen modo y concierto, según su bárbaro y rústico talento.

Ansí poblada la muy insigne y no menos que leal provincia de Tlaxcalla, tuvieron paz y concordia con todas las provincias comarcanas grandes tiempos. Y ansí, se comunicaban y trataban en gran conformidad con los mexicanos, y atravesaban los unos y los otros todas las tierras y provincias y reinos que querían, y lo mismo hacían los de ésta, porque iban a contratar a todas partes, de una mar a otra, de la del Sur a la del Norte, de la de Levante a la de Poniente, porque de los pobladores de esta provincia salieron a poblar la costa y serranía de hacia la parte del Norte y de la de Levante, hacia la de Cempoalla, Tuxtla, Cohuazacoalco y

Tabasco. Finalmente, de estas tierras traían oro, cacao, algodón, ropa, miel, cera, plumería de papagayo y otras riquezas que mucho estiman. En tanta manera, que vino a ser el reino de Tlaxcalla uno de los mayores que hubo en estas partes del Nuevo Mundo, gobernado por los cuatro señores de las cuatro cabeceras; tanto que fue envidiado de las provincias vecinas y comarcanas, que aunque Cholollan, Huexotzinco, Quauhquecholla e Itzyocan, que llaman los españoles Izúcar, y Tecalpan, Tepeyacac, Tecamachalco, Quecholac, Acantzinco, Teohuacan, Cozcatlan y Teutitlan, Ahuilizapan, y todas estas provincias les tenían amistad, no por eso dejaba de reinar en ellos mortal envidia. La misma amistad se tenía con los zacatecas iztaccamaxtitlancalques, tzacuhtecas y tlatlauhquitepehuaques, tecuhtecas y atzopanecas. Todas estas naciones son ulmecas. Ansimismo, tenían alianza con esta provincia [...] que les traían la miel, cera, liquidámbar, gran muchedumbre de algodón y otras cosas que las tierras templadas producen, pescado y camarón.

Y como las cosas de esta vida, ni la felicidad de ella es permanente, luego se introdujo la sediciosa ambición, que como obiese tanta paz y conformidad con los tetzcucanos y mexicanos, y fuese en crecimiento el Imperio de los tepanecas culhuas, no contentándose con lo que era suyo propio, pretendió ponerse en arma contra los de Tlaltelulco y supeditallos, sin otro derecho alguno, sino solo para que reconociesen por señor y rey a Ahuitzotzin, que en aquel siglo reinaba sobre todos los mexicanos tepanecas. Y como saliese con su propósito comenzado, procuró luego de ir contra Xochimilco y sujetalle, así como lo hizo, y de allí, como le sucedía todo tan prósperamente, fue ganando y conquistando tierras y provincias, sujetándolas como señor absoluto, pues con los grandes ejércitos que hizo juntar atemorizó toda la tierra: Unas provincias se le daban de paz y otras por fuerza de arma. Y como obiese sujetado la mayor parte de los matlatzincas, cohuixcas y tlalhuicas, pretendió pasar los puertos de la Sierra Nevada y Volcán con sus ejércitos hasta que rindió a los de Huexotzinco y Cholulla, haciendo partidos y conciertos de reconocimiento con ellos. De aquí hubo principio el ser único señor del Reino Mexicano. Y como a Ahuitzotzin le sucediese Axayacatzin, único señor de México, pretendió hacer lo propio que su antecesor Ahuitzotzin, esto es: ir ensanchando su reino con ánimo de conquistar todo el mundo, y cuanto hallase por delante para ser señor y rey universal de todo este Nuevo Mundo.

Sucedióle tan prósperamente todo lo que se imaginó y propuso que a poco tiempo vino a ser rey, casi señor, de todo Huexotzinco, Quauhquechollan, Itzucan, Valle de Atlixco, Chololan, Calpan, Tepeyacac, Tecamachalco, Quecholac, Teohuacan, Cozcatlan y Teotitlan. Finalmente, toda la más tierra que pudo fue sujetando y conquistando de tal manera, que no había provincia ni reino que se le parase delante [que] no ganase y conquistase. Entendido por los señores de Tlaxcalla la prosperidad y pujanza con que iba creciendo el reino de los culhuas mexicanos tepanecas, que ya en esta sazón se llamaban tenuchcas, determinaron de ponerse en arma y cuidado de las cosas que les pudiesen suceder con poderío tan grande como este que se había levantado. Y ansí, porque no les entrase por alguna parte, determinaron de guardar y conservar sus tierras y tener con esto paz con todos, como siempre la habían tenido; mas con todas estas prevenciones y recatos, movidos de mortal envidia, los huexotzincas, cholultecas y otras provincias sujetas a los tenuchcas mexicanos procuraron por astucias y maña impedir la contratación de los tlaxcaltecas por todas las partes que pudieron y que se recogieran en sus tierras. Y para más incitar a los tenuchcas mexicanos y moverlos a ira, informaron los rendidos siniestramente contra ellos, diciéndoles cómo los tlaxcaltecas se iban apoderando de muchas provincias de las que ellos habían ganado, ansí por amistades como por contratos, especialmente de las de Cuetlaxtlan, Tuxtlan, Cempohuallan, Cohuatzacoalco, Tabasca, Campeche y otras provincias y lugares marítimos, e que avisaban de ello, que viesen lo que más les convenía. Como los tenuchcas entendiesen que podía suceder ansí por ser los tlaxcaltecas belicosos y viendo que los mexicanos iban señoreando toda la tierra, que podrían hacer lo mismo, y como el mando no permite igualdad, para remediar un tan gran estorbo e impedimento, procuraron los tenochcas apoderarse de toda la Totonacapan y de las provincias de los tohueyos, xalapanecas, nauhtecas, mexcaltzincas y otras muchas provincias de la costa del Norte, que por evitar prolijidad no referimos, e impedir por tal medio de estorbar las contrataciones y granjerías a los tlaxcaltecas, que les daban mucha riqueza, como en efecto lo hicieron.

Capítulo XIII. Que trata de las grandes guerras que hubo entre los tlaxcaltecas y los tenuchcas

Viendo los de Tlaxcalla que de todo punto se declaraba la enemistad con ellos de parte de los tenuchcas, procuraron defender su partido como pudieron y como fuese mayor la pujanza de los tepanecas que la suya, se fueron retrayendo poco a poco a sus tierras, perdiendo la libertad que tenían de las contrataciones. Puestos en esta controversia, enviaron a los príncipes mexicanos embajadores, diciéndoles que cuál había sido la causa que contra ellos se tratase guerra, no habiendo dado ocasión para ello, ni que sus gentes fuesen maltratadas de los suyos, estorbándoles sus comercios, quitándoles sus mercaderías, haciéndoles otros desafueros y malos tratamientos. Fueles respondido por los tenuchcas: «Que el gran señor de México era señor universal de todo el mundo, que todos los nacidos eran sus vasallos, que a todos los había de reducir para que le reconociesen por señor, y que a los que no lo hiciesen por bien y dalle la obediencia, los había de destruir, asolar sus ciudades hasta los cimientos y poblarlas de nuevas gentes. Por tanto, que procurasen tenelle por señor y sujetársele, pagando tributo y demás parias como las otras provincias y reinos lo hacían, que si por bien no lo hiciesen, vendría sobre ellos el castigo». A lo cual respondieron los embajadores de Tlaxcalla: «Señores muy poderosos, Tlaxcalla no os debe vasallaje, ni desde que salieron de las Siete Cuevas jamás reconocieron con tributo ni pecho a ningún rey ni príncipe del mundo, porque siempre los tlaxcaltecas han conservado su libertad. Y como no acostumbrados a esto, no os querrán obedecer, porque antes morirán que tal cosa como esta consentir. Entendemos que eso que les pedís procurarán pediros a vosotros y sobre ello derramarán más sangre que derramaron en la guerra de Poyauhtlan, que fueron aquellos de donde proceden los tlaxcaltecas. Por tanto, nosotros nos volvemos con la respuesta que nos habéis dado.»

Sabido por los de Tlaxcalla la ambiciosa respuesta de los tenuchcas, desde allí en adelante vivieron sobre aviso para resistir cualquiera adversidad de fortuna que les viniese. Como obiesen los mexicanos tenuchcas sujetado la mayor parte de este Nuevo Mundo y no tuviesen ya que ganar desde la mar del Sur a la del Norte y todo lo tuviesen por suyo, procuraron muy a su salvo tomar la provincia de Tlaxcalla y sujetalla, ansí como lo habían hecho con las demás. Y ansí, los mexicanos, con ánimo denodado, les dieron tantos reencuentros y escaramuzas que los vinieron a acorralar dentro de pocos años en sus propias tierras y provincia. Tuviéronlos cercados más de sesenta [años], necesitando de todo cuanto humanamente podían necesitar, pues no tenían algodón con que vestirse, ni oro ni plata con que adornarse, ni plumería verde ni de otros colores para sus galas, que es la que más estimaban para sus divisas y plumajes, ni cacao para beber, ni sal para comer. De todas estas cosas y de otras carecieron más de sesenta años que duraron en este cerco. Quedaron tan habituados a no comer sal que el día de hoy no la saben comer, ni se les da nada por ella y aun sus hijos, que se han criado entre nosotros, comen muy poca, aunque con la muchedumbre y abundancia que hay van entrando en comerla.

Puestos en este cerco, siempre y de ordinario tenían crueles guerras acometidos por todas partes. Y como no tuviesen los mexicanos otros enemigos, ni más vecinos que a los de Tlaxcalla siempre y a la continua se venían gentes a retraer y guarecer a esta provincia, como hicieron los xaltocamecas, otomís y chalcas, que, por rebeliones que contra los príncipes mexicanos tuvieron, se vinieron a sujetar a esta provincia, donde fueron acomodados y recibidos por moradores de ella, dándoles tierras donde viviesen, con cargo que les habían de reconocer por señores, pagándoles tributo y terrazgo. Además y allende habían de estar a la continua en arma y sobre aviso por defensores de sus tierras, porque los mexicanos no les entrasen por alguna parte y los ofendiesen, lo cual guardaron y prometieron de no lo quebrantar, so pena de ser traidores. Y ansí lo cumplieron y guardaron grandes tiempos hasta la venida de Cortés. Y con esta continua milicia siempre sucedían grandes trances de guerra en que alcanzaban algunas riquezas de ropa y oro y plumería en los despojos que hacían y por rescates de algunos prisioneros alcanzaban a tener sal y cacao para los señores, mayormente los de las cuatro cabeceras, que jamás les faltaba. Sin embargo de esto, los señores mexicanos y tetzcucanos, en tiempos que ponían treguas por algunas temporadas, enviaban a los señores de Tlaxcalla grandes presentes y dádivas de oro, ropa, cacao, sal y de todas las cosas de que carecían, sin que la gente plebeya lo entendiese, y se saludaban secretamente, guardándose el decoro que se debían. Mas con todos estos trabajos, la orden de su República jamás se dejaba de gobernar con la rectitud de sus costumbres, guardando inviolablemente el culto de sus dioses.

Visto por los mexicanos culhuas tepanecas tenuchcas, que toda la monarquía de este Nuevo Mundo estaba en su señorío y mando, y que con tan gran poder con mucha facilidad podían conquistar el reino de Tlaxcalla, porque al respecto de lo que los mexicanos señoreaban esta provincia era de cien partes la una, y con este presupuesto ya no restaba más por conquistar, echaron los mexicanos un bando para que todos los sujetos a México saliesen un día señalado a dar combate a la provincia por todas partes en torno de ella, y con este gran poder serían vencidos y asolados, o se darían forzosamente, viendo tan gran peligro ante los ojos. Lo cual sucedió diez y ocho años antes de la venida de los españoles, gobernando la provincia de Tlaxcalla en [las] cuatro cabeceras de ella: en Ocotelolco, Maxixcatzin; en la de Tizatlan, Xicotencatl; en Quiahuiztlan, Teohuayacatzin; y en la de Tepeticpac, Tlehuexolotzin; reinando en Huexotzinco, Tecayahuatzin Chichimecatl Tecuhtli. Este fue el que publicó guerra a fuego y sangre contra los de Tlaxcalla, el que convocó para venir a esta guerra a los cholultecas, los cuales concedieron con él, tomando por instrumento el favor de los mexicanos. Para comenzar su mal propósito, intentaron sobornar a los del pueblo de Hueyotlipan, sujeto de esta ciudad, que estaba por frontera de México, y a todos los otomís que, ansimismo, estaban por guarnición de sus términos, de lo cual los señores de Tlaxcalla tuvieron aviso de sus propios vasallos y amigos de lo que pasaba. Y con estas cosas siempre vivieron sobre el aviso con todo recato, no confiándose de ningunas gentes, porque por traición y engaño no fuesen asaltados. Ansí, persuadidos los de las guarniciones que estaban por frontera de México con dádivas y presentes de oro y joyas, rodelas, armas y otras cosas de estima según su modo, les comunicaron y trataron que cuando se obiese de dar el combate general por todas partes de la provincia de Tlaxcalla, estuviesen sobre aviso, y que no peleasen, sino que antes fuesen y tornasen contra los de Tlaxcalla, pues serían muy bien remunerados por los príncipes mexicanos y vencido y tomado el reino de Tlaxcalla, serían señores libres y parcioneros de todo lo que se ganase.

En estos tiempos reinaba en México con gran poder Motecuhzomatzin. Tratado lo dicho con las guarniciones y fronteras de Tlaxcalla, no quisieron venir en ello, ni ser traidores a amigos tan antiguos, que tan bien los habían tratado, conservado y defendido de sus enemigos por tantos tiempos, y antes bien acudirían a morir por su patria y República, lo cual cumplieron a fuerza de leales vasallos, y se defendieron y guardaron las fronteras como valientes y esforzados capitanes.

Acabado esto y entrando a fuego y sangre los ejércitos de Huexotzinco por tierras de Tlaxcalla, haciendo grandes daños, fuerzas y robos, llegaron a un lugar que está a una legua de la ciudad, que llaman el pueblo de Xiloxochitlan, donde cometieron grandes tiranías y crueldades en las gentes que hallaron descuidadas y, ansimismo, allí mataron peleando a un principal de Tlaxcalla de mucha cuenta, que hallándose en este sobresalto y alboroto salió con alguna gente a defender y amparar la gente de aquel lugar, y como le faltase favor y socorro, hubo de morir peleando. Llamábase Tizacaltatzin y era principal de la parte y cabecera de Ocotelulco y del barrio de Contlantzinco.

Esta muerte fue sentida y llorada por los de Tlaxcalla. Con esto se volvieron los huexotzincas a sus tierras y fue principio de guerras continuas y muy prolijas que duraren más de quince años hasta la venida de Cortés. En el entretanto hubo [tantas] muertes y pérdidas que sería hacer gran volumen contallas. Solo diré una, y fue que como a la continua había guerras y escaramuzas, fue tanta la pujanza de los de Tlaxcalla que en poco tiempo obieron de venir a arrinconar a los huexotzincas por lo alto de la Sierra Nevada y Volcán. Puestos en tanto aprieto pidieron socorro a Motecuhzoma, que envió contra ellos gran pujanza de gente, pensando de esta vez atropellar y asolar la provincia de Tlaxcalla, y les envió también un hijo suyo por capitán, que se llamaba Tlacahuepantzin. Estos ejércitos mexicanos que fueron a socorrer [a] los huexotzincas hicieron su entrada por la parte de Tetella y Tuchimilco y Quauquechollan, acudiendo allí todos los de Itzocan y Chietlan como vasallos de los mexicanos. Teniendo noticia de este socorro que Motecuhzoma enviaba, los de Tlaxcallan les salieron al encuentro antes de que llegasen a sus tierras ni que les hiciesen daño alguno, y determinaron estorballes la entrada. Como atrás dejamos tratado, estaban los huexotzincas arruinados y encaramados por las faldas de la Sierra Nevada y Volcán, porque todo lo llano estaba exento, sin estorbo de poblazón alguna, por cuya causa los ejércitos tlaxcaltecas tuvieron lugar de entrar seguramente por Tlecaxtitlan, Acapetlahuacan y Atlixco antes que los huexotzincas [y] mexicanos se disolviesen. Dieron sobre ellos con tanto ímpetu e ira que, cogiéndolos desapercibidos, hicieron cruel estrago en ellos, tanto que desbaratados y muertos fueron huyendo, quedando muerto en el campo Tlacahuepantzin, su general e hijo de Motecuhzoma, su señor.

Habida victoria en tan señalado reencuentro, los tlaxcaltecas limpiaron el campo y se volvieron a su tierra con gran honra y pro de toda su patria. Sucedida guerra tan famosa y puesto tan gran espanto por todas aquellas regiones, causó a los de Huexotzinco que el año siguiente no tuviesen cosecha de panes, de que les causó gran hambre, que tuvieron necesidad de irse a las provincias de México a valerse de su necesidad, porque con las guerras, los tlaxcaltecas les asolaron los panes y quemaron las casas y palacios de Tecayahuatzin, su señor, y las casas de otros señores y principales caciques de aquella provincia. Finalmente, que pidiendo licencia de Motecuhcumatzin, aquel año repararon su necesidad por tierras de mexicanos.

Hemos tratado de estas guerras civiles, que ansí pueden llamarse, pues los huexotzincas, tlaxcaltecas y cholultecas eran todos unos amigos y parientes. Hase de entender que los cholultecas y huexotzincas eran todos a una contra Tlaxcalla, aunque no se trata sino de Huexotzinco solo. Como los cholultecas eran más mercaderes que hombres de guerra, no se hace tanta cuenta de ellos en los negocios de guerra, aunque acudían a ellos como confederados con los huexotzincas. Pasada esta guerra tan sangrienta en el Valle de Atlixco, y muerto Tlacahuepantzin, su general, hijo de Moctecuhzoma, rey de los mexicanos tenuchcas, recibió [éste] un gran pesar y mostró muy grande sentimiento, por lo que determinó asolar y destruir de todo punto la provincia de Tlaxcalla. Para esto mandó por todo su reino que sin ninguna piedad fuesen a destruir el señorío de los tlaxcaltecas, pues le tenían enojado, y que hasta entonces no los había querido destruir por tenerlos enjaulados como codornices y también para que el ejercicio militar de la guerra no se olvidase, y porque obiese en qué se ejercitaran los hijos de los mexicanos, y también para tener cautivos que sacrificar a sus dioses; mas que agora que le habían muerto a Tlacahuepantzin, su hijo, con atroz atrevimiento, su voluntad era destruir a Tlaxcalla y asolalla, porque no convenía que en el gobierno del mundo obiese más de una sola voluntad, un mando y un querer; y que estando Tlaxcalla por conquistar, él no se tenía por Señor Universal del Mundo. Por tanto, que todos a una hora y en un día señalado se entrasen por todas partes y fuesen destruidos [los tlaxcaltecas] a sangre y fuego.

Vista la voluntad del poderoso rey Motecuzumatzin, envió [éste a] sus capitanes por todo el circuito y redondez de Tlaxcalla y, comenzando a estrecharles en un solo día por todas partes, fue tan grande la resistencia que hallaron los mexicanos que al cabo se fueron huyendo desbaratados o heridos, con pérdidas de muchas gentes y riqueza, que parece cosa imposible creerlo, y antes más parece patraña que verdad; mas está tan autorizado este negocio, y lo tienen por tan cierto, que pone extraña admiración, porque se juntaron tantas gentes y de tantas provincias y naciones, que me ponen notable admiración. Halláronse por las partes del Norte los zacatecas y tozapanecas, tetelaques, iztaquimaltecas y tzacuhtecas; luego los tepeyaqueños y quechollaqueños, tecamachalcas, tecalpanecas, totomihuas, chololtecas, huexotzincas, tezcucanos aculhuaques, tenuchcas mexicanos y chalcas. Finalmente, ciñeron todo el horizonte de la provincia de Tlaxcalla para destruirla, y fue tal su ventura y dichosa suerte que, estado en sus deleites los tlaxcaltecas y pasatiempos, les llegó la nueva de esta tan grande entrada y cerco que Moctecuzoma les había hecho para tomallos acorralados, estando ansí seguros para acabarlos [y] que no obiese más memoria de ellos en el mundo. Las fronteras de todas partes pelearon valerosísimamente, siguieron en el alcance a muchos enemigos y, para más fe de lo que había sucedido y ganado, trujeron grandes despojos de la guerra que habían hecho y muchos prisioneros tomados a poca costa, presentándolos a los señores de las cuatro cabeceras. Estos, cuando entendieron haber ganado sus capitanes tan grande empresa sin que fuesen sabedores de ello, les hicieron grandes muestras, casando a los capitanes con sus propias hijas, y armaron caballeros a muchos de ellos para que fuesen tenidos y estimados por personas calificadas, como lo fueron de allí en adelante. Los otomís que guardaban las fronteras ganaron mucho crédito de fidelísimos vasallos y amigos de la República de Tlaxcalla. Habida tan gran victoria, hicieron en señal de alegría muy grandes y solemnes fiestas, ofreciendo sacrificios a sus falsos dioses con increíbles ceremonias. Dende allí en adelante, vivieron los tlaxcaltecas con más cuidado, pertrechando sus fuertes con fosos y reparos, porque Moctheuzoma no volviese sobre ellos en algún tiempo y los sujetase. Con esta continuación y vigilancia vivieron mucho tiempo, hasta la venida de Cortés, procurando los mexicanos de sujetallos siempre, y ellos, con ánimo invencible, de resistirse, como siempre lo hicieron.

Capítulo XIV. Que trata de la pujanza del imperio mexicano y de cómo los mexicanos tenuchcas conquistaron Quatimalla y Nicarahua

En este tiempo estaba tan pujante el imperio de los mexicanos y señorío de Moctheuzoma, que no había otra cosa en este Nuevo Mundo, que ya su Imperio y monarquía llegaba más de trescientas leguas adelante de Quatimalla y de Nicarahua, donde el día de hoy la lengua mexicana se trata corruptamente en estas provincias. Yendo grandes ejércitos mexicanos poblando y conquistando tierras y provincias riquísimas de oro y plumas verdes de mucha estima, y cacao y bálsamo, liquidámbar y otras resinas olorosas, licores y atramentos que los naturales tenían en mucho aprecio, algunas provincias se les resistían con gran resistencia de armas y no les dejaban entrar, como fue la propia provincia de Nicarahua y otras comarcanas, y es que, como sintieron que iban grandes ejércitos a conquistallos, les salieron al encuentro a estorballes el pasaje y decilles que se fuesen y no volviesen a sus tierras. Salieron de tal manera que maltraron a los mexicanos en un encuentro; les mataron muchas gentes y los pusieron en grande aprieto, que tuvieron necesidad de rehacerse y volver sobre sí, que como las partes por donde habían pasado todos los pueblos y provincias se les sujetaban, entendieron que fuera lo mismo de todas las demás provincias, y salióles muy al revés.

Vista tan grande resistencia de aquellas gentes, procuraron con ardid y maña valerse, porque su valor no viniera a menos y se perdiera el crédito y fama que en tantos años habían ganado. Procuraron de hacer partido con los moradores de aquella tierra, fingiendo que ellos querían pasar adelante y no parar allí, pues no los querían tener por amigos ni por vecinos, y que, [como] ellos habían perdido mucha gente en el camino y reencuentros que habían tenido, que les diesen cinco o seis mil tamemes para que les pasasen sus equipajes y hato a los pueblos de adelante, y con esto se saldrían de sus tierras, porque si no, cada día tendrían escaramuzas y muertos. Condescendiendo los nicaraguas con esta demanda, tuvo efecto su ardid y astuta imaginación, pues que dieron a los mexicanos los tamemes que pedían por echalles cabe de sí, y saliendo la mayor parte de esta gente de su patria, las gentes y ejércitos mexicanos quedaban atrás a retaguardia sin resistencia alguna se entraron en esta provincia y alzaron con ella, bien descuidados los nicaraguas de tan inaudita traición.

Apoderados ya de esta provincia, cuando los miserables tamemes volvieron a sus casas las hallaron tomadas y ocupadas de gentes extrañas, y sobreviviendo los mexicanos que adelante habían marchado, tomaron muy a su salvo esta gran provincia y sus sujetos, y fueron señores de ella como [de las] demás. Y ansí reconocieron desde entonces las gentes de Nicaragua y Verapaz a los mexicanos por señores y les enviaban de tributo oro y plumería verde y otras cosas que la tierra producía, pedrería, esmeraldas, turquesas y cosas de mucha estima y valor. Por esta orden y maña y astucias, fue Moctheuzoma muy gran señor de la mayor parte de este Nuevo Mundo, aunque en él algunas [partes] se le rebelaban y alzaban algunas provincias, las cuales tornaba a pacificar con sus gentes, castigando a los alzados, a unos por amor, y a otros con promesas, dádivas y franquezas, según era necesario. Finalmente, aunque bárbaros, se conservaban a su modo en pujanza y poder, con disciplina militar, la cual sustentó y sustenta la Monarquía Universal del Mundo.

Capítulo XV. Que trata de las causas de la enemistad que hubo entre los tlaxcaltecas y los culhuas tenuchcas y de las hazañas de Tlahuicole

Habiendo, como hemos referido, continuas guerras entre tlaxcaltecas y mexicanos, eran también continuos los reencuentros y escaramuzas entre unos y otros, ansí para ejercitar la milicia como por si en algún tiempo Moctheuzoma los pudiese conquistar y hacellos sus tributarios, aunque tienen por opinión algunos contemplativos, que si Motecuhzoma quisiera destruir a los tlaxcaltecas lo hiciera, sino que los dejaba estar como codornices en jaula, porque no se perdiera el ejercicio de la guerra y porque tuvieran en qué emplearse los hijos de los señores, y también para tener de industria gentes con que sacrificar y servir a sus ídolos y falsos dioses. Lo cual no me puedo persuadir a creer por muchos respectos: porque si ansí fuera, no tomaran tan de veras la demanda los señores de esta provincia para ir contra los mexicanos, como fueron en favor de los cristianos; lo otro, por donde se entiende, es por la enemistad que se tenían, que era mortal y terrible, pues jamás trabaron parentesco ninguno los unos con los otros, ni por casamientos, ni por otra vía alguna la quisieron, antes les era odioso y aborrecible el nombre de mexicanos, ansí como a éstos el nombre de tlaxcaltecas, porque se sabe y es notorio que en todas las demás provincias emparentaban los unos con los otros. Y ansí, es de creer que pues Nuestro Señor fue servido que por mano de estas gentes se ensalzase su santo nombre, que la guardó y tuvo guardada para instrumento de tan heroica y santa obra, como es la que hemos visto y desde aquí en adelante diremos.

Estando en este continuo cerco y perpetua guerra, siempre se cautivaban los unos a los otros y jamás se rescataban ni se redimían sus personas, porque lo tenían por grande afrenta e ignominia, sino que habían de morir peleando, mayormente los capitanes y personas calificadas, de las cuales no se servían, sino que antes morían sacrificados o peleando a manera de gladiatores romanos. Y es ansí que como oviesen algún prisionero de valor y cuenta, lo llevaban en medio de una plaza, donde tenían una gran rueda de más de treinta palmos de ancho de cada parte, y en medio de esta gran rueda otra menor, redonda, que servía de altar, como de un codo de alto del suelo, de la cual se ataba una muy grande soga y larga que no pasaba de los límites de la rueda mayor. Finalmente, al miserable prisionero le ataban con esta soga, a manera de toro que se ata en bramadero, y allí le ponían todos los géneros de armas con que se podía defender y ofender para que pudiera aprovechar de las que más gusto le diesen. Dábanle rodelas, espadas, arcos, flechas y macanas arrojadizas, porras de palo engastadas en ellas puntas de pedernales, y, puesto en este extremo, se cantaban cantares tristes y dolorosos. Mas el miserable hombre con esfuerzo y ánimo, como aquel que pensaba ir a gozar de la gloria de sus dioses, ansimismo se componía y, estando atado, salían a él tres o cuatro hombres valientes a combatir con él, y hasta que allí moría peleando no le dejaban, y ansí se defendía con tanto ánimo que algunas veces mataba antes que muriese más de cuatro. Aquí se probaban las fuerzas de algunos hijos de señores que salían aviesos e incorregibles, y probaban sus venturas otros por adiestrarse o por perder el miedo de la guerra.

Acaeció en los tiempos [en] que ya los españoles se acercaban en su venida (y aún quieren decir que en aquel propio año) que prendieron los de Huexotzinco uno de los más valientes indios que entre los tlaxcaltecas hubo, que se llamó Tlahuicole, que quiere decir «El de la divisa del barro», y era [por]que siempre traía por divisa una asa de un jarro, el cual era de barro cocido y torcido como una asa. Este fue tan esforzado y valiente que, con solo oír su nombre, sus enemigos huían de él. Fue de tan grandes fuerzas que la macana con que peleaba tenía un hombre bien que hacer en alzarla. Este quieren decir que no fue alto de cuerpo, sino bajo y espaldudo, de terribles y muy grandes fuerzas, que hizo hazañas y hechos que parecen cosas increíbles y más que de hombre. De modo que, peleando, donde quiera que entraba mataba y desbarataba de tal modo [la] gente que por delante hallaba, que en poco tiempo desembarazaban sus enemigos el campo. Finalmente, que al cabo de muchas hazañas y buenos hechos que hizo, le prendieron los huexotzincas atollado en una ciénega y, por gran trofeo, lo llevaron enjaulado a presentalle a Moctheuzoma a México, donde le fue hecha mucha honra y se le dio libertad para que se volviese a su tierra, cosa jamás usada con ninguno.

Y fue esta la ocasión que como Moctheuzoma andaba en pretenciones de entrar por tierras de los tarascos michoacanenses, a causa que le reconociesen con plata y cobre que poseían en mucha suma y los mexicanos carecían de ella, pretendió por fuerza conquistar alguna parte de los tarascos. Mas como Catzonsí en aquellos tiempos reinaba, y fuese tan cuidadoso de conservar lo que sus antesores habían ganado y sustentado, jamás se descuidó en cosa alguna. Y ansí fue que hecha una muy gruesa armada por los mexicanos, al dicho Tlahuicole, prisionero de Tlaxcalla, se le encargó por parte de Moctheuzoma, la mayor parte de esta armada para hacer esta tan famosa entrada a los michoacanenses, la cual se hizo con inumerables gentes, y fueron a combatir las primeras provincias fronteras de Michoacan, que son las de Tacimaloyan, que los españoles llaman Taximaloa, Maravatío y Acámbaro, Oquario y Tzinapécuaro. Aunque esta tan grande entrada se hizo a costa de muchas gentes, que en ella murió de la una parte y de la otra, puso terrible espanto a los michoacanenses, no les pudieron entrar ni ganar cosa alguna de su tierra, a lo menos trajeron los mexicanos plata y cobre de la que pudieron robar en algunos reencuentros y alcances que hicieron en seis meses que duró la guerra, en la cual Tlahuicole hizo por su persona grandes hechos y muy temerarios, [y] ganó entre los mexicanos eterna fama de valiente y extremado capitán.

Venido de esta guerra de Michoacan, Moctheuzoma le dio libertad para que se volviese a sus tierras o que se quedase por su capitán, el cual no quiso aceptar ni lo uno ni lo otro. No quiso quedar por capitán de Moctheuzoma por no ser traidor a su patria; lo otro [por]que él no quería volver a ella por no vivir afrentado, pues que se tenía por afrenta cuando ansí eran presos en la guerra, sino que habían en ella de vencer o morir. Y ansí, pidió a Moctheuzoma que no quería sino morir y que, pues no había de servir en cosa alguna, le hiciese merced de solemnizar su muerte, pues quería morir como lo acostumbraban hacer con los valientes hombres como él. Visto por Moctheuzoma que no quería sino morir, mandó que se le cumpliese su demanda, y ansí fue que ocho días antes que muriese le hicieron muy grandes fiestas, bailes y banquetes, según sus antiguos ritos, y entre estos banquetes que le hicieron quieren decir que le dieron a comer ¡cosa vergonzosa y no para contada! la natura de su mujer guisada en un potaje, porque como estuviese de asiento más de tres años en México, la mujer que más quería le fue a ver para hacer vida con él o morir con su marido. Y ansí acabaren los dos en su cautiverio. Idos al sacrificio, el desventurado Tlahuicole fue atado en la rueda del sacrificio con mucha solemnidad, según sus ceremonias [y], peleando, mató más de ocho hombres e hirió más de otros veinte antes que le acabasen de matar. Al fin, al punto que le derribaron, le llevaron ante Huizilopuhtli y allí le sacrificaron y sacaron el corazón, ofreciéndoselo al demonio, como lo tenían de costumbre. Este fue el fin del miserable Tlahuicole de Tlaxcalla, el cual no fue de los muy principales, sino un pobre hidalgo que por sola su valentía y persona había tenido valor, y si no fuera preso llegara a ser muy gran Señor en esta provincia.

Capítulo XVI. Que trata de lo que pensaron los naturales de las cosas de la naturaleza, y de las recreaciones y diversiones que tuvieron

Antes de que prosigamos más adelante, será razón que tratemos del conocimiento que tuvieron de Un Solo Dios y una sola causa, que fue aquel decir que era sustancia y principio de todas las cosas. Y es ansí que como todos los dioses que adoraban eran los dioses de las fuentes, ríos, campos y otros dioses de engaños, que a cada cosa atribuían su dios, concluían con decir: «Oh Dios, aquel en quien están todas las cosas», que es decir el Teotloquenahuaque, como si dijeramos agora, «aquella persona en quien asisten todas las cosas, aquella causa de todas las cosas acompañadas, que es solo una esencia». Finalmente, tuvieron este rastro de que había un solo Dios, que era sobre todos los dioses. Ansimismo, tuvieron en su antigüedad rastro de la eternidad, porque después de esta vida sabían y entendían los naturales desta tierra haber otra vida, que era aquella en donde tenían su habitación y morada los dioses, en donde estaban en continuos placeres y pasatiempos y descanso. Tuvieron, ansimismo, noticia de que había nueve cielos, que los llamaban Chicuhnauhnepaniuhcan Ilhuica, donde hay perpetua holganza, porque cuando algunos caciques de suerte o personas de calidad morían, los enterraban en bóvedas acompañados de doncellas de servicio y con alguna de sus mujeres, con ellos se enterraban vivos hombres corcovados y enanos, con mucha comida y riqueza de ropa, plumería y oro para el camino que llevaban hasta llegar a la gloria y lugar de los dioses. También tenían por cierto que había pena y gloria, premio para los buenos y castigo para los malos. Nunca conocieron ni entendieron el engaño en que vivían hasta que se bautizaron y fueron cristianos. Ansimismo, alcanzaron confusamente que había ángeles que habitaban en los cielos y les atribuían ser dioses de los aires, y por tales les adoraban. A ellos atribuían los rayos, relámpagos y truenos, que cuando se enojaban con los hombres les enviaban grandes terremotos, lluvias y granizos y otras tempestades que en la tierra se causaban por pecados de los hombres. Cuando esto sucedía, les hacían festividades muy solemnes.

Al fuego llamaban «Dios de la Senectud», porque le pintaban muy viejo y muy antiguo. Los temblores y terremotos que en la tierra había los atribuían a que los dioses que tenían en peso el mundo se cansaban y entonces se mudaban, y que aquella era [la] causa de los temblores. No alcanzaron que el mundo era esférico ni redondo, sino llano, y que tenía su fin y remate hasta las costas de la mar, y ésta y el cielo era todo uno y de su propia materia, solo que el mar era más cuajado, y que las aguas que llovían no procedían de las nubes, sino del cielo, [por]que aquellos dioses de los cielos las derramaban a sus tiempos para regar la tierra del mundo y aprovechar a las gentes y animales de ella.

La Sierra Nevada de Huexotzinco y el Volcán teníanlos por dioses y [decían] que el Volcán y la Sierra Nevada eran marido y mujer. Llamaban al volcán Popocatepetl y a la Sierra Nevada Iztacihuatl, que quiere decir la «Sierra que humea» y «La blanca mujer».

Tenían, ansimismo, este engaño de decir que el Sol cuando se ponía y venía la noche, dormía y descansaba del trabajo del día que había pasado; y lo mismo decían de la Luna cuando menguaba y no daba luz ni claridad, ansimismo decían que dormía; y [decían] que el Sol y la Luna eran marido y mujer. Tienen por cierto que cuando el Sol fue criado no anduvo hasta el cuarto día. Dice la fábula que el Sol fue un dios muy desechado, porque fue leproso o muy buboso, de modo que no se podía rodear ni parecer ante gentes. Visto por los demás dioses tan gran lástima, mandaron fabricar un horno de mucha grandeza, a manera de horno de cal, y haciendo una muy gran foguera en él, le echaron dentro y estando ansí ardiendo, entendiendo que se quemara y consumiera o se purificara más que los dioses, ovieron con él tanta piedad y virtud que le convirtieron en luz y le llamaron Sol. Al cuarto día le hicieron mover y andar y hacer su curso, como lo hace, Naullin, que quiere decir Naollin, «cuarto movimiento», porque el cuarto día comenzó a andar y moverse. Este principio dicen que tuvo el Sol y, ansí, le tuvieron por dios y señor del día, y a la Luna por diosa de la noche; y a estos dos planetas dicen que obedecían las estrellas.

Tenían, ansimismo, este engaño: cuando el Sol y la Luna eclipsaban [decían] que reñían y peleaban, y lo tenían por grande agüero y mala señal, a cuya causa en estos tiempos hacían grandes sacrificios y daban grandes gritos y voces y lloros, porque entendían que se llegaba el fin del mundo. Y sacrificaban al demonio hombres bermejos si se eclipsaba el Sol y si [era] la Luna, sacrificaban hombres blancos y mujeres blancas, [a] las que llamaban adivinas, las cuales no veían de blancas, y ansí de los muy bermejos, retintos.

Los cometas del cielo los tenían por malas señales de mortandades, guerras, hambres y otros trabajos y calamidades de la tierra. De los cometas que corren y se encienden en la región del fuego, que corren de una parte a otra con grandes colas de humo o centellas de fuego, como algunas veces suele acaecer, ansimismo los tenían por malas señales, porque decían que eran saetas de las estrellas y que mataban las cazas de los campos y de los montes.

Tuvieron repartidas las cuatro partes del mundo en esta manera. Tlapco llamaron al Mediodía, que quiere decir: «En la grada o poyo». El Norte llamaban Mictlan, que quiere decir: «»Infierno», significado por muerte. Tonatiuhxico llamaban al Oriente, Icalaquian al Poniente. A estas cuatro partes incensaban los sacerdotes de los templos con perfumadores e incensarios.

Ansimismo, tuvieron cuenta del año, ansí por el Sol como por la Luna y sus bisiestos para conformar sus años. Tuvieron cuenta de los meses y de las semanas. Los meses solamente contaban veinte días de Luna y las semanas de trece días, y de ocho lunas de a veinte días hacían un año, como adelante veremos.

Entendíanse por caracteres, pinturas y figuras de animales. Hubo, ansimismo, entre estas gentes muchos embaidores, hechiceros, brujos y encantadores que se transformaban en leones, tigres y otras animalías fieras con embaimientos que hacían. Tuvieron semana mayor y semana menor por su cuenta y reglas. Tenían sus fiestas repartidas por todo el año y [tenían cuenta] de las ceremonias que en cada fiesta se hacían. Usaban de adivinanzas y suertes y creían en sueños, prodigios y agüeros, porque el demonio se los hacía creer y les cumplía muchas cosas de las que soñaban. Ansimismo, tomaban cosas y las comían y bebían para con ellas adivinar, con que se adormecían y perdían el sentido y con ellas veían visiones espantables, y [veían] visiblemente al demonio con estas cosas que tomaban, que la una cosa se llamaba peyotl y otra yerba que se llama tlapatl y otro grano que llaman mixitl y la carne de un pájaro que llaman pito en nuestra lengua [y] ellos lo llaman oconenetl, que comida la carne de este pájaro provoca a ver todas estas visiones. La misma propiedad tiene un hongo pequeño y zancudo que llaman los naturales nanacatl. De estas cosas usaban más los señores que la gente plebeya. Dejando aparte los vinos que tenían, [por]que cuando se embriagaban veían en sus borracheras ansimismo grandes visiones y muy extrañas, aunque las borracheras eran muy prohibidas entre ellos. No bebían vino sino los muy viejos y ancianos y cuando un mozo lo bebía y se emborrachaba moría por ello, y ansí se daba solamente a los más viejos de la República o cuando se hacía alguna fiesta muy señalada se daba con mucha templanza a los hombres calificados, viejos honrados y en las cosas de la guerra jubilados.

Tras esto [diremos que] tenían instrumentos de música que los cuadraban según su modo. Tenían atambores hechos de mucho primor, altos, de más de medio estado, [que tocaban junto] con otro instrumento que llamaban teponaxtle, que es de un trozo de madera concavado y de una pieza, rollizo y, como decimos, hueco por dentro, que suenan algunos más de media legua, y con el atambor hace extraña y muy suave consonancia. Con estos atambores, acompañados de unas trompas de palo y otros instrumentos, a manera de flautas y fabebas, hacen un extraño y admirable ruido y tan a compás [con] sus cantares y danzas y bailes que es cosa muy de ver.

En estos bailes y cantares sacan las divisas, insignias y libreas que quieren con mucha plumería y ropa muy rica de muy extraños atavíos y composturas, joyas de oro y piedras preciosas puestas en los cuellos y muñecas de los brazos, y brazaletes de oro fino en los brazos, los cuales vi y conocí a muchos caciques que los usaron. Con ellos se ataviaban y componían, ansí en los brazos como en las pantorrilla, y [se ponían] cascabeles de oro en las gargantillas de las piernas. Ansimismo, salían las mujeres en estas danzas maravillosamente ataviadas, que no había en el mundo más que ver. Lo cual todo se ha vedado por la honestidad de nuestra religión.

Tenían juegos de pelota de un modo extrañísimo, que llamaban el juego de ulli. Es una pelota hecha de cierta leche que destila un árbol llamado Ulquahuitl que se convierte en duros nervios [y] que salta tanto que no hay cosa en esta vida con que compararlo. Son las pelotas del tamaño de las de viento de las que se usan en España, y saltan tanto que si no se ve parece increíble, [por]que dando la pelota en el suelo salta más de tres estados en lo alto. Esta pelota se jugaba con los cuadriles o con las nalgas, porque pesa tanto que con las manos no se podía jugar. Los jugadores de esta pelota tenían hechos de cuero unos cinchos muy anchos de gamuza, para las nalgas, con que jugaban. Tenían juegos de pelota dedicados en la República para estos pasatiempos. Jugaban para tener ejercicio los hijos de los señores, y jugaban por apuesta muchas preseas, ropas, oro, esclavos, divisas, plumería y otras riquezas. Habían en estos juegos grandes apuestas y desafíos. Eran juegos de República muy solemnizados [y] no los pagaban sino señores y no gente plebeya. Tenían para este juego diputados.

Había otros juegos, como de dados, que llaman patol, a manera del juego de las tablas al vencer; el que más presto se volvía a su casa con la tablas éste ganaba el juego. Ansimismo, había otros juegos de diversos modos, que sería gastar mucho tiempo en tratallos y no se tratan porque son juegos de poco momento. Tenían otros entretenimientos Y recreaciones de florestas con cerbatanas, con que mataban aves, codornices, tórtolas y palomas torcaces.

Tenían cazas de liebres y conejos y monterías de venados y puercos jabalíes, con redes, arcos y flechas. Tenían vergeles, arboledas extrañas y peregrinas, traídas de extrañas tierras por grandeza.

Usaban de baños y fuentes, deleitosos bosques y sotos hechos a mano. Ansimismo, usaban de truhanes decidores y chocarreros, enanos y corcovados, hombres defectuosos de naturaleza, de los cuales se pagaban los grandes Señores. Tenían sus pasatiempos ocultos y generales, según las estaciones de los tiempos. Toda su felicidad estaba en el mandar y ser señores. Lo mismo tenían en el comer y beber. Adoraban al dios Baco y le tenían por dios del vino y de las bebidas que embriagaban, porque le hacía fiesta una vez en el año, y le llamaban Ometochtle.

Preciabanse de tener muchas mujeres, todas aquellas que podían sustentar. Antiguamente no tenían más de una; después, el demonio les indujo a que tuviesen todas las que pudiesen sustentar. Aunque estas fuesen sus mujeres, tenían todos una legítima con quien casaban, según sus ritos, para la sucesiva generación y estas mujeres legítimas eran señoras de las demás, que eran sus mancebas, a las cuales mandaban como criadas en una o dos casas, según las tenían repartidas. Las propias mujeres legítimas mandaban a las demás que fuesen a dormir y regalar y sestear con el Señor, las cuales iban ricamente ataviadas, limpias y lavadas para que fuesen a dormir con él. Cuando el señor apetecía alguna de ellas, decía a la mujer legítima: «Deseo que fulana duerma conmigo»; o «Es mi voluntad que vaya fulana a tal recreación conmigo»; y la mujer legítima la ataviaba, aunque era tenida y reputada como a Señora, y de ordinario las mujeres legítimas dormían con sus maridos.

De las ceremonias de los casamientos hemos ya tratado atrás, y no las referimos aquí. Cuando algún señor moría, como tuviese hermano, éste heredaba las mujeres y casaba con sus cuñadas, ansimismo heredaba los bienes del hermano y no los hijos, que ansí era costumbre, mas no se casaban con hermanas y hermanos. Estimaban en mucho el linaje de donde venían. Aborrecían en gran manera a los hombres cobardes, pues eran menospreciados y abatidos.

Esta nación de indios son en extremo envidiosos. Los caciques y señores se hacían temer y adorar y eran temidos de todo punto. Trataban a sus señores con muy grande humildad y no osaban mirarles a la cara, ni alzar los ojos al rostro de sus señores y mayores al tiempo que les hablaban. Y ansí, cuando algún señor pasaba por algún camino, se apartaban de él y abajaban los ojos y las cabezas, so pena de la vida. Tratábanles [en] tanta verdad que el que mentía moría por ello.

Tenían por grande abominación el pecado nefando y los sodomitas eran abatidos y tenidos en poco y por mujeres tratados; mas no los castigaban y les decían: «Hombres malditos y desventurados, ¿hay [acaso] falta de mujeres en el mundo?» y «vosotros, que sois bardajas, que tomáis el oficio de mujeres, ¿no os fuera mejor ser hombres?». Finalmente, aunque no había castigo para los tales pecados contra natura, eran de grande abominación y lo tenían por agüero y abusión. Ni menos casaban con madre, ni con tía ni con madrastra.

Había entre estas gentes bárbaras muchas costumbres buenas y muchas malas y tiránicas, guiadas con sin razón: como [era que] ningún plebeyo vestía ropa de algodón con franja ni guarnición, ni otra ropa que fuese rozagante, sino muy sencilla y llana, corta y sin ribete ni labor alguna, sino eran aquellos que por muchos méritos lo obiesen ganado, por manera que en el traje que cada uno traía era conocida la calidad de su persona.

Los tributos y pechos que daban eran de aquellas cosas que la tierra producía: oro, plata, cobre, algodón, sal, plumería, resinas y otras cosas de precio y valor, maíz, cera, miel y pepitas de calabaza. Finalmente, todas aquellas cosas que en cada tierra y provincia había, de todas ellas tributaban a sus señores por los tercios del año, conforme a la longitud de sus tierras. De seis a seis meses y de año a año, traían pescados, conchas marinas (aquellos que las alzaban), cacao, pita y frutas de extrañas maneras, animalías fieras, tigres, leones y águilas, lobos, monas, papagayos, diversidad de géneros de animales y aves que no se pueden explicar. El que más pobre era que no tenía que dar de tributo, tributaba piojos; y esto se usó más en la provincia de Michoacán en el reino de Catzonzi, que mandó que ninguno quedase sin pagalle tributo, aunque no tuviese sino piojos. Y no fue fábula ni la es, porque en efecto pasaba así.

Capítulo XVII. Que trata de los nefandos sacrificios que hacían a sus ídolos y de los papas

La idolatría universal y [el] comer carne humana ha muy pocos tiempos que comenzó en esta tierra, como atrás dejamos dicho. Las personas de mucho valor comenzaron a hacer estatuas a los hombres de cuenta que morían y, como dejaban casos y hechos memorables en pro de la República, les hacían estatuas en memoria de sus buenos y famosos hechos; después, los adoraban por dioses. Ansí fue tomando fuerza el demonio para más deveras arraigarse entre gentes tan simples y de poco talento. Después [de] las pasiones que entre los unos y los otros hubo, comenzaron a comerse sus propias carnes por vengarse de sus enemigos y, ansí, rabiosamente entraron poco a poco, hasta que se convirtió en costumbre comerse unos a otros, como demonios; y ansí, había carnicerías públicas de carne humana, como si fueran de vaca y carnero, como el día de hoy las hay. Quieren decir que este error y cruel uso vino de la provincia de Chalco a ésta, y lo mismo los sacrificios de la idolatría y el sacarse sangre de sus miembros y ofrecerla al demonio. Las carnes que se sacrificaban y comían eran carnes de los hombres que prendían en la guerra y de esclavos o prisioneros. Ansimismo, vendían niños recién nacidos y de dos años para arriba para este cruel e infernal sacrificio y para cumplir sus promesas y ofrecer en los templos de los ídolos, como se ofrecen las candelas de cera en nuestras iglesias. Sacábanse sangre de la lengua si habían ofendido con ella hablando, de los párpados de los ojos por haber mirado, de los brazos por haber pecado de flojedad [y] de las piernas, muslos, orejas y narices según las culpas en que habían errado y caído, disculpándose con el demonio. Al cabo, le ofrecían el corazón por lo mejor de su cuerpo, que no tenía otra cosa que le dar, prometiendo de darle tantos corazones de hombres y niños para aplacar la ira de sus dioses, o para alcanzar o conseguir otras pretenciones que deseaban. Esto les servía de confesión vocal para con el perverso enemigo del género humano.

Ansimismo, tenían gran cuenta de criar sus hijos con muy buenas costumbres y doctrina. Los hijos de los señores tenían ayos que criaban y doctrinaban. Tenían sus frases y modo de hablar con los mayores y éstos con los menores y con sus iguales y supremos señores de mayor a menor, y en esto gran primor y policía en su modo. Eran muy oradores y había entre ellos personas hábiles y de gran memoria. En sus razonamientos estaban asentados en cuclillas y sin asentarse en el suelo y sin mirar, ni alzar los ojos al Señor, ni escupir ni hacer meneos, y sin mirar a la cara. Al despedirse levantaba [el orador] bajando su cabeza y retirándose hacia atrás sin volver las espaldas, con mucha modestia. En todo, el demonio hablaba con estas gentes en oráculos y fantasmas, y en estos lugares les manifestaba muchas cosas.

El desmentirse unos a otros no lo tenían en nada, ni por punto de honra, ni lo recibían por afrenta. Esta nación es muy vanagloriosa y muy celosa de sus mujeres, que por el caso se matan muchos, y las mujeres muy más celosas que los hombres. Es gente cobarde a solas, pusilánime y cruel, y acompañada con los españoles son demonios, atrevidos y osados. Es la mayor parte della simplísima, muy recia, carecen de razón y de honra, según nuestro modo, [porque] tienen los términos de su honra por otro modo muy apartado del nuestro. No tienen por afrenta el embeodarse ni comer por las calles, aunque ya van entrando en policía de razón y van tomando grandemente costumbres y buenos usos que les parecen muy bien. En su antigüedad se trataba mucha verdad, mayormente a sus señores y mucha más entre los principales. Guardábanse las palabras unos a otros y no la quebrantaban so pena de la vida, aunque agora con la libertad son grandes mentirosos y tramposos, aunque hay de todo, [por]que muchos de ellos, que son mercaderes, tratan verdad y son de muy gran crédito, y, como atrás decimos, han tomado mucho de nosotros. Tenían por afrenta vender casas o arrendarlas, o pedir prestado, lo cual en su antigüedad no se usaba, ni se debían unos a otros cosa alguna. Sus promesas y posturas las cumplían luego y no faltaban.

Los modos de sus templos atrás lo dejamos referido, que son a manera de pirámides, excepto que se subía por gradas hasta la cumbre, y en lo más alto había una o dos capillas pequeñas y, delante de ellas, dos grandes columnas de piedra en donde perpetuamente estaban con lumbre y grandes perfumes de noche y de día, que jamás cesaba desde los templos pequeños hasta los mayores. Los servidores de éstos eran aquellos que prometían serlo hasta la muerte y algunos por tiempo limitado. Estos se sustentaban de las primicias de los frutos que cogían. Tenían sacerdotes mayores que llamaban Achcautzin teopixque teopannenque tlamacazque, que eran como agora son los religiosos que tenían aquella religión. Tlamacazque se llamaban porque servían a los dioses con sacrificios y sahumerios y ansí, todos aquellos que sirven a los españoles el día de hoy los llaman tlamacazque, porque como los españoles fueron a los principios tenidos por dioses, ansí todos aquellos que los servían eran llamados tlamacazque, porque ansí llamaban a los que estaban en los templos de los dioses. Hasta hoy ha quedado este nombre tan arraigado, que llaman a los criados de los españoles tlamacazque o tlamacaz.

Por segunda persona había «Papas», no porque el nombre de «Papa» fuese de Sumo Sacerdote sino [porque] como los más viejos sacerdotes, aquellos que sacrificaban a los hombres, quedaban tan ensangrentados y ellos eran tan pésimos y sucios, criaban gran suma de cabellos, que los tenían tan largos que les daban casi hasta las nalgas, y ellos estaban tan sucios y percudidos de la sangre y tan afieltrados, que por estas crines les llamaban «Papas» y no por sacerdotes supremos, que al sacerdote o sacerdotes mayores los llamaban Teopanachcauhtzin Teopixque, que, interpretado en nuestro romance, quiere decir «Los mayores del templo», o «Los guardas de los dioses», o «Guardas de los templos». Los ornatos de sus altares donde se inmolaban los cuerpos humanos no los tenían con atavíos de seda, ni brocados, sino en rústico modo. Solo algunos ídolos tenían de piedras ricas de mármoles, cristal, o de piedras verdes chalchiuites o de turquesas y amatistas, y algunos de preseas de oro.

Capítulo XVIII. Que trata del modo que tenían de enterrar a los muertos, y de otras ceremonias

Habiendo tratado de estas costumbres, trataremos del modo de sus entierros. Cuando algún cacique o señor moría, le ponían en sus andas asentado y muy ataviado y el rostro descubierto con sus orejeras y bezotes de oro, plata o de esmeraldas o de otro género de piedras preciosas, y muy compuesto y afeitado, sus cabellos muy puestos en orden, como si fuese vivo. Y si era rey lo mismo, excepto que le ponían la corona real, a manera de mitra. Y por este orden le llevaban en unas andas de mucha riqueza y plumería y, llevándolo en sus hombros los más principales de la República, lo llevaban hasta una gran foguera que estaba hecha, acompañado de sus hijos y mujer, lamentando su fin y acabamiento, e iban otros pregoneros de la República pregonando sus grandes hechos y hazañas, trayendo a la memoria sus grandes trofeos, Allí, públicamente, le echaban en la foguera y con él se arrojaban sus criados y criadas y los que le querían seguir y acompañar hasta la muerte. Allí llevaban grandes comidas y bebidas para el pasaje de la otra vida de descansos. Después de quemado, recogían sus cenizas y las guardaban amasadas con sangre humana y les hacían estatuas e imágenes para memoria y recordación de quien fue. Otros, aunque eran señores, eran llevados con la misma solemnidad y pompa, y no los quemaban, sino que los enterraban en bóvedas y sepulturas que les hacían. Allí, se enterraban vivas con ellos doncellas y criados, enanos y corcovados, y otras cosas que el tal señor mucho amaba y con muchedumbre de matalotaje y comida para aquella jornada que se hacía para la otra vida. Este error usaban pobres y ricos y cada uno se enterraba según su cualidad.

Después de este entierro iban a la casa del difunto, en la cual hacían grandes fiestas y comidas muy espléndidas, y grandes bailes y cantares, y gastaban sus haciendas después de muertos [en] veinte o treinta días en comidas y bebidas, cuya costumbre en muchas partes de esta tierra ha quedado muy arraigada.

Lo mismo se hace en los casamientos, pues gastan todas las parentelas cuanto tienen en esta forma: que cuando se celebra[ba] un casamiento, de parte del desposado toda su parentela ofrecía (cada uno lo que tenía) para ajuar y casamiento para la desposada: joyas oro o plata, esclavos y esclavas, hilo y algodón, cacao, cofres de madera y de diferentes cosas, esteras según su usanza; de parte de la desposada ofrecían ropas muy ricas labradas, mantas para el desposado, esclavos y mucha plumería. Por manera que con estos presentes había que gastar grandes tiempos y, después de esto, daban grandes y muy espléndidas y suntuosas comidas y bebidas de grandes diversidades de extrañezas, de aves, venados y otras cazas de montería, que sería detenernos mucho tratar de estas menudencias. Duraban estas fiestas muchos días en juegos, bailes y pasatiempos, según la calidad de las personas que se casaban y contraían estos matrimonios.

Estos mismos ritos tenían cuando paría una mujer de alguna persona grave y de cuenta, pues que ansí como se sabía haber parido, a la hora venían todas las parentelas de la una parte y otra y todos traían presentes de ropa, de aves, de cualquiera cosa que tenían. Si era varón el recién nacido, entraba el saludador y decíale que fuese bien nacido y venido al mundo a padecer trabajos y adversidades, y ahí le traía a la memoria los hechos de sus antepasados y [decíale] que recibiese aquel mísero presente para se criase y holgase en su infancia, y a este tiempo le ofrecía de las cosas que le traía. Acabado esto, respondíale un viejo, que para esto estaba dedicado, dándole las gracias de todo. Luego, lo llevaban a su asiento. Allí, le daban de comer y beber y a toda la parentela que había traído, que para todos había, y en esto se tenía particular cuenta. Duraba esta ceremonia más de cuarenta o cincuenta días hasta que la parida se levantaba. Lo mismo hacían con las hijas hembras, aunque con más solemnidad se celebraba el nacimiento de los hijos. El padre del que nacía era obligado a hacer saber a sus amigos cómo le había nacido un hijo o hija, y a los que no les avisaban, pariente o amigo, no acudían a la visita ni a la fiesta, y se tenían por afrentados y se corrían de ello.

Este mismo rito se tenía cuando uno acababa de labrar una casa y nuevamente se entraba a vivir en ella, porque decían que cuando se entraba a habitar en las casas recién acabadas, si antes no las encomendaban al dios de las casas, que gozaban poco de ellas los que las habitaban y que se morían. Por este respeto, al tiempo que las acababan y queriéndolas habitar, aquel día hacían grandes bailes y banquetes y convidaban gran copia de gentes conforme a la calidad de la persona que hacía la fiesta. Por esta orden se guardaba este rito desde el mayor hasta el menor y duraban las fiestas siete u ocho días.

Este mismo modo de engaño tenían cuando nuevamente probaban los nuevos vinos. Antes que los dueños usasen de ellos convidaban gran muchedumbre de gentes a ello, porque el Dios Baco no les fuese contrario y que en sus borracheras les favoreciese en que no les sucediesen algunos desastres.

Con estos engaños servían al demonio a banderas desplegadas, diciendo que con hacer esto los dioses habrían piedad de ellos en todas las cosas que se hacían y obraban en la tierra; que ellos no habían de ser guiados por su voluntad, sin primero invocar a los dioses de cada cosa, porque no se haría nada sin voluntad de ellos, y ellos, como dioses y señores supremos, habían de enviar a la tierra lo que les fuese conveniente para los hombres del mundo y a las cosas en ella creadas.

Entendieron que no había sido creado el mundo, sino que acaso ello se estaba hecho y llamaban al dios del mundo y de la tierra, Tlaltecuhtli. Lo mismo tuvieron que los cielos no fueron creados, sino que eran sin principio. No tuvieron conocimiento de los cuatro elementos ni de los movimientos celestes.

Cargábanse los naturales como bestias. Y esta costumbre de cargarse fue muy antigua y servían personalmente a sus mayores sin paga ninguna y sin más interés que los tuviesen debajo de su amparo. Ya dejamos tratado cómo antes que gozasen de los frutos pagaban primicia de ellos a los templos, de lo cual comían los templarios y de ello se sustentaban.

En las ceremonias, ritos y supersticiones que hacían en las cazas generales de los tiempos del estío del año, y aún disimuladamente las hacen el día de hoy los otomíes, era en esta manera: cuando hacen grandes secas y esterilidad en la tierra, hacen llamamiento general en algunos montes conocidos para un día señalado y reúnen muchedumbre de gentes para cazar [que] llevan muchos arcos, flechas, redes y otros instrumentos de caza, para lo cual se juntaban dos o tres mil indios, e iban por su orden echando sus redes y cercos hasta que topaban con la caza de venados o jabalíes u otro cualquier género de animal indoméstico y, alcanzado, con gran ceremonia y solemnidad le sacaban el corazón [y] luego la panza, y si en ella le hallaban yerbas verdes o algún grano de maíz o frijol nacido dentro del buche (porque el demonio siempre lo procuraba, para hacerse adorar de estas gentes por estas apariencias), decían que aquel año había de ser abundantísimo de panes y que no habría hambre [y] si le hallaban el vientre con yerbas secas, decían que era señal de mal año y de hambre y se volvían tristes y sin ningún contento. Si era de yerbas verdes hacían grande alegría, y bailes y otros regocijos, y de esta manera prosiguen sus cazas generales. Tienen todavía estas costumbres de supersticiones, que aún no se les acaba de desarraigar.

Tornando a tratar del demonio y de la manera que lo veían, [diremos que] no lo veían visiblemente, sino por voz o porque en algún oráculo respondían. Algunos le veían transformado en león o tigre, o en otro cuerpo fantástico. Era tan conocido entre estos miserables que luego sabían cuando hablaba con ellos. Ansimismo, conocíanle porque se mostraba en cuerpo fantástico, sin tener sombras, sin chozuelas en las coyunturas, sin cejas y sin pestañas, los ojos redondos sin niñas o niñetas y sin blancos. Todas estas señales tenían para conocerle aquellos a quienes se revelaba, mostraba y aparecía.

Trataremos ahora de una hermafrodita que tuvo dos sexos y lo que de este caso acaeció. Fue que como los caciques tenían muchas mujeres, aficionóse un hijo de Xicotencatl de una mozuela de bajos padres, que le pareció bien, la cual pidió se la diesen sus padres por mujer, que ansí se acostumbraba, aunque fuesen para sus mancebas. La cual fue traída, que era hermosa y de buena disposición, y puesta entre sus mujeres y encerrada entre las demás. Y habiendo mucho tiempo que en esta reputación estaba con él, tratando y conversando con las otras mujeres, sus compañeras, comenzó a enamorarse de ellas y a usar del sexo varonil en tanta manera que, con el mucho ejercicio, vino a empreñar más de veinte mujeres, estando ausente su señor más de un año fuera de su casa. Y como viniese y viese a sus mujeres preñadas recibió pena y gran alteración y procuró saber quién había hecho negocio de tamaño atrevimiento en su casa y, entrando las pesquisas, se vino a saber que aquella mujer compañera de ellas las había empreñado, porque era hombre y mujer. Visto tan gran desconcierto y que la culpa no había sido sino suya, habiéndola él metido entre sus mujeres, parecióle no ser tan culpadas como si ellas le obieran procurado y ansí las reservó de que muriesen, aunque las casó y repartió, repudiándolas, que no fue poco castigo para ellas; mas al miserable hermafrodita lo mandaron sacar al público en un sacrificadero que estaba dedicado al castigo de los malhechores, manifestando la gran traición que había cometido contra su señor amo y marido. Y ansí, vivo y desnudo en vivas carnes, le abrieron el costado siniestro con un pedernal muy agudo y, herido y abierto, le soltaron para que fuese donde quisiese y su ventura le guiase. De esta manera se fue huyendo y desangrando por las calles y caminos, y los muchachos le fueron corriendo y apedreando más de un cuarto de legua hasta que el desventurado cayó muerto y las aves del cielo le comieron. Este fue el castigo que se le dió, y ansí, después andaba el refrán entre los principales señores: «Guardaos del que empreñó las mujeres de Xicotencatl y mirad por vuestras mujeres; si usan de los dos sexos, guardaos de ellas no os empreñen».

Capítulo XIX. Que trata de las dos edades del mundo y
de los dioses que tenían en tiempo de su infidelidad

Había un error muy grande entre estos naturales y muy general en toda esta Nueva España, pues decían que este mundo había tenido dos acabamientos y fines. Y [dicen] que el uno había sido por diluvios y aguas tempestuosas y que se había vuelto la tierra de abajo a arriba, y que los que en aquellos tiempos vivían habían sido gigantes, cuyos huesos se hallaban por las quebradas. Como atrás dejamos tratado, no tuvieron conocimiento de los cuatro elementos, ni de sus operaciones, más de que era aire, fuego, tierra y agua, confusamente. Ansimismo, por consiguiente, dicen que hubo otro fin y acabamiento del mundo por aires y huracanes, que fueron tan grandes que cuanto había en él se asoló, hasta las plantas y árboles de las muy altas montañas, y que arrebató los hombres de aquellos tiempos y que fueron levantados del suelo hasta que se perdieron de vista, y que al caer se hicieron pedazos, y que algunas gentes de estas, que escaparon, quedaron enredadas en algunas montañas y riscos escondidos y se convirtieron en monas y micos y que olvidaron el uso de la razón, perdieron la habla y quedaron de la manera que agora los vemos, que no les falta otra cosa sino la habla, y quedaron mudos para ser hombres perfectos. Esto tenían tan creído como si fuera de fe y [dicen] que todas las cosas que tratamos y hacemos que las alcanzan y entienden; mas que como pasó el tiempo de su edad, los dioses, movidos de piedad que de ellos tuvieron, aunque los habían privado de razón, les habían hecho merced de las vidas. Tienen por muy cierto que ha de haber otro fin, que ha de ser por fuego y que la tierra ha de tragarse a los hombres, que todo el universo mundo se ha de abrasar y que han de bajar del cielo los dioses y las estrellas, que, personalmente, han de destruir a los hombres del mundo y acaballos, y que las estrellas han de venir en figuras salvajes. Este es el último fin que ha de haber en el mundo. Cuando los nuestros llegaron a esta provincia, como atrás lo dejaremos tratado, entendieron que era llegado el fin del mundo, según las señales y apariencias tan claras que veían.

Tenían estas naciones a una diosa que llamaban la Diosa de los enamorados, como antiguamente tenían los gentiles la diosa Venus. Llamábanla Xochiquetzatl, la cual decían que habitaba sobre todos los aires y sobre los Nueve Cielos y que vivía en lugares muy deleitables y de muchos pasatiempos, acompañada y guardada de muchas gentes, siendo servida de otras mujeres, como diosa, en grandes deleites y regalos de fuentes, ríos, florestas de grandes recreaciones, sin que le faltase cosa alguna. Y [decían] que, donde ella estaba, era tan guardada y encerrada que [los] hombres no la podían ver y que en su servicio había un gran número de enanos y corcovados, truhanes y chocarreros, que la daban solaz con grandes músicas y bailes y danzas, y de estas gentes se fiaba y eran sus secretarios para ir con embajadas a los dioses, a quien ella cuidaba. Y [decían] que su entretenimiento era hilar y tejer cosas primorosas y muy curiosas, y pintábanla tan linda y tan hermosa que en lo humano no se podía más encarecer. Llamaban al cielo donde esta diosa estaba Tamohuanichan Xochitlihcacan Chitamohuan («en asiento del árbol florido») y Chicuhnauhuepaniuhcan Itzehecayan, que quiere decir: «El lugar de Tamohuan y en asiento del árbol florido, donde los aires son muy fríos, delicados y helados, sobre los Nueve Cielos». De este árbol Xochitlicacan, dicen que el que alcanzaba desta flor o de ella era tocado que era dichoso y fiel enamorado. A esta diosa Xochiquetzatl celebraban fiesta cada año con mucha solemnidad y a ella concurrían muchas gentes donde tenía su templo dedicado. Dicen que fue mujer del dios Tlaloc, dios de las aguas, y que se la hurtó Tezcatlipuca, que la llevó a los Nueve Cielos y la convirtió en Diosa del bien querer.

Había otra diosa que llamaban Matlacueye, atribuida a las hechiceras y adivinas. Con ésta casó Tlaloc después que Tezcatlipuca le hurtó a Xochiquetzatl, su mujer. Hubo otra diosa, que se llamó Xochitecacihuatl, diosa de la mezquindad y avaricia, y fue mujer de Quiahuiztecatl. Estas diosas y dioses, para eternizar sus memorias, dejaron puestos sus nombres en sierras muy conocidas, llamándose de sus propios nombres. Ansí, muchos cerros y sierras hoy en día se llaman con estos nombres.

Cuando había falta de aguas y hacía grande seca y no llovía, hacían grandes procesiones, ayunos y penitencias y sacaban en procesión gran cantidad de perros pelones, que son de su naturaleza pelados sin ningún género de pelo, de los cuales había antiguamente en su gentilidad muchos, que los tenían para comer, y los comían. Yo tengo al presente casta de ellos, que son, por cierto, muy extraños y muy de ver. Y de este género de perros, como referido tenemos, sacaban en procesión y andas muy adornadas y los llevaban a sacrificar a un templo que les tenían dedicado, que lo llamaban Xoloteupan. Y llegados allí, los sacrificaban y les sacaban los corazones y los ofrecían al dios de las aguas. Cuando volvían de este sacrificio, antes que llegasen al Templo Mayor, llovía y relampagueaba de tal manera que no podían llegar a sus casas con la mucha agua que llovía. Y después de muertos los perros, se los comían. Yo me acuerdo que ha menos de treinta años había carnicería de perros en gran muchedumbre, sacrificados y sacados los corazones por el lado izquierdo, a manera de sacrificio. Y dimos noticia de ellos y orden para que se quitase, y ansí se desarraigó este error. Ya dejamos referido cómo tenían otras carnes que comer de cazas y monterías y de cómo, antiguamente, había cantidad de ellas.

Hacían otra ceremonia y superstición infernal y diabólica. Y era que cuando prendían algún prisionero en la guerra, prometían los que iban a ella que al primer prisionero que cautivaban le habían de desollar el cuero cerrado y meterse en él tantos días en servicio de sus ídolos o del dios de las batallas. El cual rito o ceremonia llamaban exquinan. Y era ansí que desollado, cerrado y entero el miserable cautivo, se metía dentro de él el que lo había prendido y andábase corriendo con aquella piel de templo en templo. Y a este tiempo los muchachos y hombres andaban tras este exquinan con gran regocijo, a manera de quien corre un toro, hasta que de puro cansado lo dejaban y huían de él, porque no le alcanzase [a] alguno, porque le aporreaba de tal manera que lo dejaba casi muerto. A veces se juntaban dos o tres de éstos, que regocijaban todo el pueblo. Ansí, llamaban este rito el juego del exquinan.

Había otros penitentes que andaban de noche, que los llamaban en su lengua tlamaceuhque, los cuales tomaban un brasero pequeño sobre su cabeza, el cual llevaban encendido desde que anochecía hasta que amanecía. Andaban de noche de templo en templo solos y con mucho silencio, visitando sus dioses en sus templos y ermitas. Duraban en esta penitencia y pobreza un año o dos, dándose a la pobreza y miseria por alcanzar algo, por humildad sirviendo a los dioses. Estos servían de día y de noche en los templos; mas tomaban estas romerías y andar estas estaciones por haber salido y escapado de algún peligro, o porque los dioses se doliesen de él o los encaminasen en algunas pretensiones o fines que deseaban. No comían carne ni legumbres al tiempo en que hacían estas penitencias, sino pan sin levadura ni otra mixtura alguna, que llaman los naturales yoltan... Allí todas estas cosas como al principio prometimos, pasamos sucintamente a causa de que las han escrito los religiosos muy copiosamente por estirpar las idolatrías de esta tierra, especialmente Fray Andrés de Olmos, Fray Bernardino de Sahagún, Fray Toribio de Motolinía, Fray Jerónimo de Mendieta y Fray Alonso de Santiago. Por esta causa, nos vamos acortando lo más que podemos.

Los ayunos de estas gentes duraban según se les antojaba y las promesas que hacían. Ansí, por promesas o por armarse caballeros, cuando esto era, ayunaban ochenta días [y] velaban las armas, como atrás dejamos referido cuando hablamos de las ceremonias de armarse, del vejamen que sufrían, de las propinas que daban, y de cómo [les] abofeteaban y daban una coz, y cómo todo lo habían de sufrir según su costumbre, y que aquel que más sufría y pasaba, aquel era muy buen caballero.

Capítulo XX. Que trata de los diabólicos sacrificios que hacían y de quienes fueron los primeros predicadores de Nuestra Santa Fe Católica

Las horas y momentos para el gobierno de la República eran desde la prima noche en que se tocaban desde los templos grandes bocinas, caracoles y trompetas de palo, que hacían terrible espanto y estruendo. Encendían lumbres en dichos templos los sacerdotes y tlamacazques y luego que esto pasaba se sosegaba todo. Siendo media noche, que llamaban los naturales yohualnepantlaticatla, tornaban a sonar las bocinas, trompetas de palo y caracoles marinos, y se hacía muy gran ruido y estruendo a voces y sonido de todas estas cosas para dar a entender que era la media noche. Lo propio se hacía el cuarto de alba, al salir del lucero, a las ocho del día, al mediodía y a la tarde. Desto servían los templarios. Este era su oficio y a todos estos tiempos y horas sahumaban e incensaban los altares e ídolos, donde perpetuamente no faltaba la lumbre.

Los grandes recibimientos que hacían a los capitanes que venían y alcanzaban la victoria en las guerras, las fiestas y solemnidades con que se solemnizaban a manera de triunfo eran que los metían en andas en su pueblo, trayendo consigo a los vencidos. Para eternizar sus hazañas, se las cantaban públicamente y ansí quedaban memoradas; también [se les memoraba] con estatuas que les ponían en los templos.

Los pleitos que trataban y contingencias que tenían se figuraban de plano por algunos viejos ancianos, que estaban para ello diputados en la República.

Ya dejamos referido cómo la lengua mexicana es la más amplia que se halla en estas partes y la más casta y pura, porque no se aprovecha de ninguna extraña, y cómo las otras extrañas se aprovechan de ella y [de] muchos vocablos. Tenían los naturales en su antigüedad adagios, proverbios y preguntas a manera de enigmas y adivinanzas muy compuestas en su lengua. Hablaban en jerigonza; usan de cuentos risueños, son muy grandes fabuladores, tienen sus fines y sentidos para doctrinarse y otros muchos entretenimientos.

Entre muchas celebraciones de fiestas que hacían a sus ídolos, celebraban la de Tlaloc, al que atribuían ser el dios de las aguas y de los relámpagos, rayos y truenos. Teníanle un suntuosísimo templo, donde estaba dedicado, y se le celebraban dos fiestas en el año: a una llamaban fiesta mayor y la otra fiesta menor, a las cuales concurrían muchas gentes, a donde ofrecían gran suma de ofrendas, promesas y devociones que se cumplían, sin [contar] los demás crueles y sanguinolentos sacrificios de los hombres humanos, que sacrificaban con crueles cuchillos de pedernales, agudísimos y afilados, para abrilles aquellos pechos miserables y arrancalles los vivos corazones con las manos de los rabiosos carniceros y pésimos sacerdotes, los cuales apretaban con entreambas manos cuanto podían y se volvían al nacimiento del Sol, a la parte del Oriente, alzando las manos en alto, y volviéndose al Poniente haciendo lo mismo y lo propio al mediodía y a la parte del Norte. En todo este tiempo, los demás papas tlamazques incesaban con gran reverencia al demonio. Acabado esto, echaban el corazón en el fuego hasta que se quemaba y consumía. Contábame uno que había sido sacerdote del demonio, que después se había convertido a Dios y a su santa fe católica y bautizado, conociendo el gran bien que tenía, que cuando arrancaba el corazón de las entrañas y costado del miserable sacrificado era tan grande la fuerza con que pulsaba y palpitaba que le alzaba del suelo tres o cuatro veces hasta que se había el corazón enfriado. Acabado esto, echaban a rodar el cuerpo muerto, palpitando, por las gradas del templo abajo y por esta orden iban sacrificando y ofreciendo corazones al infernal demonio.

Entre estos sacrificios y supersticiosas crueldades usaban de una para conocer si el demonio se aplacaba o condescendía con las cosas que le pedían y si venía en ello. Hacíanle una ofrenda de picietl molido y hecho harina y en polvo, que es una yerba a manera de beleño y estas hojas dicen que es yerba de grandes virtudes para muchas enfermedades, y como yerba tan preciada, ofrecíanla hecha harina, puesta en unos vasos grandes en los altares y poyos del templo entre las demás ofrendas, y de éstas del picietl, guardaban particularmente, porque si algún milagro había de haber, aquí más que [en] otro alguno lugar se veía, y era. Y ansí era que cuando acudían los sacerdotes a ver otros vasos, hallaban en ellos huella o pisadas señaladas de alguna criatura particularmente, y a las más veces pisadas de águila. Cuando esto acaecía y en aquella hora y sazón, la manifestaban los sacerdotes al pueblo. Luego, con muy gran regocijo y solemnidad, haciendo gran ruido de trompetas y atabales, bocinas y caracoles [y] con todos los demás instrumentos de música que tenían, todo el pueblo se regocijaba con esta gran festividad que el demonio les manifestaba, y a este tiempo [se manifestaba] el oráculo de Tlaloc. Si alguien, insolentemente, con algún atrevimiento blasfemaba, decían que moría despedazado de rayos o muerte arrebatada, porque también decían que este lugar era tan inviolable que, si no eran sacerdotes, a este templo no podían llegar otras personas sin gran riesgo de sus vidas. Y estos rayos y fuego que caían del cielo eran sin nublados y en tiempo sereno. Cuando había falta de lluvias y había gran seca en la tierra y no llovía, se hacían rogativas y sacrificios a este ídolo Tlaloc. Decían los sacerdotes que aunque no lloviese, en porfiando había de llover, y entonces hacían sus ceremonias supersticiosas con mayor eficacia y fervor.

Luego que la conquista de esta tierra pasó y se pacificó, vinieron tres religiosos, como atrás dejamos referido, de la orden de San Francisco, y los dos fueron sacerdotes y uno lego. El que era de misa se llamo Fray Juan, [y] del otro de los dos que quedaron no se tiene noticia de un nombre. El que era lego se llamó Fray Pedro de Gante, flamenco. El Fray Juan murió en la jornada de las Higueras cuando Cortés fue a ellas; y el otro en la ciudad de México. Fray Pedro de Gante, el lego, vivió muchos años en la ciudad de México en la capilla del Señor San José, en el convento de San Francisco, donde, ansimismo, falleció después de haber doctrinado a los naturales con gran espíritu y fervor en muchas partes de esta Nueva España, enseñándoles a leer, escribir, tañer flautas, trompetas, ministriles y otras muchas cosas del ejercicio católico cristiano y virtuosas, porque le tuvieron por padre todos los mexicanos por habelles criado en tanta doctrina y pulicía cristiana humana. Y ansí, pasando adelante con nuestra relación, diremos de la grande admiración que los naturales tuvieron cuando vinieron estos religiosos, y cómo comenzaron a predicar el Santísimo y sagrado Evangelio de Nuestro Señor y Salvador Jesucristo. Como no sabían la lengua, no decían sino que en el infierno, señalando la parte baja de la tierra con la mano, había fuego, sapos y culebras; y acabando de decir esto, elevaban los ojos al cielo, diciendo que un solo Dios estaba arriba, ansimismo, apuntando con la mano. Lo cual decían siempre en los mercados y donde había junta y congregación de gentes. No sabían decir otras palabras [para] que los naturales les entendiesen, sino era por señas. Cuando estas cosas decían y predicaban, el uno de ellos, que era un venerable viejo calvo, estaba en la fuerza del Sol de mediodía con espíritu de Dios enseñando, y con celo de caridad diciendo estas cosas, y a media noche [continuaba diciendo] en muy altas voces que se convirtiesen a Dios y dejasen las idolatrías. Cuando predicaban estas cosas decían los señores caciques: «¿Qué han estos pobres miserables? Mirad si tienen hambre y, si han menester algo, dadles de comer». Otros decían: «Estos pobres deben de ser enfermos o estar locos. Dejadlos vocear a los miserables, tomádoles a su mal de locura. Dejadlos estar [y] que pasen su enfermedad como pudieren. No les hagáis mal, que al cabo éstos y los demás han de morir de esta enfermedad de locura. Mirad, ¿habéis notado cómo a mediodía, a media noche y al cuarto del alba, cuando todos se regocijan, éstos dan voces y lloran? Sin duda ninguna es mal grande el que deben de tener, porque son hombres sin sentido, pues no buscan placer ni contento, sino tristeza y soledad.»

Libro II

Capítulo I. Que trata de los prodigios que se vieron en México y Tlaxcalla antes de la venida de los españoles

Dejando, como dejamos remitido, a los cronistas de esta tierra las cosas más graves que tienen escritas acerca de los grandes acontecimientos del discurso de la Conquista, iremos pasando en suma en todas las cosas que vamos refiriendo. Diremos en este lugar las señales que hubo en esta Nueva España antes de la venida de los españoles.

Como el demonio, enemigo del género humano, se vive tan apoderado de estas gentes, siempre las traía engañadas y jamás las encaminaba en cosas que acertasen, sino con cosas con que se perdiesen y se desatinasen. Y como nuestro Dios y sumo bien tuviese ya piedad y misericordia de tanta multitud de gentes, comenzó con su inmensa bondad de enviar mensajeros y señales del cielo para su venida, las cuales pusieron gran espanto a este Nuevo Mundo.

Fue [el primero] que diez años antes que los españoles viniesen a esta tierra, hubo una señal, que se tuvo por mala abusión, agüero y extraño prodigio, y fue que apareció una columna de fuego muy flamífera della más muy encendida, de mucha claridad y resplandor, con unas centellas que centelleaba en tanta espesura que parecía polvoraba centellas; de tal manera, que la claridad que de ellas salía hacía tan gran resplandor que parecía la aurora de la mañana. La cual columna parecía estar clavada en el cielo, teniendo su principio, desde el suelo a la tierra de do[nde] comenzaba, de gran anchor, de suerte que desde el pie iba adelgazando, haciendo punta que llegaba a tocar el cielo en figura piramidal. La cual aparecía a la parte del mediodía y de media noche para abajo hasta que amanecía, y era de día claro, que con la fuerza del Sol y su resplandor y rayos era vencida. La cual señal duró un año, comenzando desde el principio del año que cuentan los naturales de Doce Casas, que, verificada en nuestra cuenta castellana, acaeció el año de 1516.

Cuando esta abusión y prodigio se veía hacían los naturales grandes extremos de dolor, dando grandes gritos, voces y alaridos en señal de gran espanto y dándose palmadas en las bocas, como lo suelen hacer. Todos estos llantos y tristezas iban acompañados de sacrificios de sangre y de cuerpos humanos, como solían hacer en viéndose en alguna calamidad y tribulación. Ansí como era el tiempo y la ocasión que se les ofrecía, ansí crecían los géneros de sacrificios y supersticiones. Con esta tan gran alteración y sobresalto, acuitados de tan gran temor y espanto, tenían un continuo cuidado e imaginación de lo que podría significar tan extraña novedad, procuraban saber por adivinos y encantadores qué podría significar una señal tan extraña en el mundo jamás ni vista ni oída. Háse de considerar que diez años antes de la venida de los españoles comenzaron a verse estas señales, mas la cuenta que dicen de Diez Casas fue el año de 1516, tres años antes que los españoles llegasen a esta tierra.

El segundo prodigio, señal, agüero o abusión que los naturales de México tuvieron fue que el templo del demonio se abrasó y quemó, el cual le llamaban templo de Huitzilopuchtli, sin que persona alguna le pegase fuego, que estaba en el barrio de Tlalcateco. Fue tan grande y tan repentino este incendio que se salían por las puertas de dicho templo llamaradas de fuego, que parecía llegaban al cielo. Y en un instante se abrasó y ardió todo. Sin poderse remediar cosa alguna, quedó deshecho. Lo cual, cuando esto acaeció, no fue sin gran alboroto y alterna gritería, llamando diciendo las gentes: «¡Ea mexicanos! Venid a gran prisa y con presteza con cántaros de agua a apagar el fuego». Y ansí, las más gentes que pudieron acudir al socorro vinieron. Cuando se acercaban a echar el agua y querer apagar el fuego, que a esto llegó multitud de gentes, entonces se encendía más la llama con gran fuerza, y ansí, sin ningún remedio, se acabó de quemar todo.

El tercer prodigio y señal fue que un rayo cayó en un templo idolátrico que tenía la techumbre pajiza, que los naturales llamaban xacal, el cual templo los naturales llamaban Tzonomosco, que era dedicado al ídolo Xicctecuhtli, lloviendo una agua menuda, como una mollisma, cayó del cielo sin trueno ni relámpago alguno sobre el dicho templo. Lo cual, ansimismo, tuvieron por gran abusión, agüero y prodigio de muy mala señal, y se quemó y abrasó todo.

El cuarto prodigio fue que siendo de día y habiendo Sol, salieron cometas del cielo por el aire y de tres en tres por la parte de Occidente, que corrían hasta el Oriente, con tanta fuerza y violencia que iban desechando y desapareciendo de sí brasas de fuego o centellas por donde corrían hasta el Oriente, y llevaban tan grandes colas que tomaban muy gran distancia su largor y grandeza. Y al tiempo que estas señales se vieron, hubo alboroto y, ansímismo, muy gran ruido y gritería y alarido de gentes.

El quinto prodigio y señal fue que se alteró la laguna mexicana sin viento alguno, la cual hervía y rehervía y espumaba en tal manera que se levantaba y alzaba en gran altura, de tal suerte, que el agua llegaba a bañar a más de la mitad de las casas de México y muchas de ellas se cayeron y hundieron; y [el agua] las cubrió y del todo se anegaron.

El sexto prodigio y señal fue que muchas veces y muchas noches se oía una voz de mujer que a grandes voces lloraba y decía, anegándose con mucho llanto y grandes sollozos y suspiro: «¡Oh hijos míos!, del todo nos vamos ya a perder».

Y otras veces decía: «Oh hijos míos, ¿a dónde os podré llevar y esconder?»

El séptimo prodigio fue que los laguneros de la laguna mexicana, nautas y piratas o canoístas cazadores, cazaron una ave parda, a manera de grulla, la cual incontinente la llevaron a Motheuzoma para que la viese, el cual estaba en los Palacios de la Sala Negra, habiendo ya declinado el Sol hacia el Poniente, que era de día claro. La cual ave era tan extraña y de tan gran admiración que no se puede imaginar ni encarecer su gran extrañeza, la cual tenía en la cabeza una diadema redonda de la forma de un espejo muy diáfano, claro y transparente por la que se veía el cielo y los mastelejos y estrellas que los astrólogos llaman el signo de Géminis. Y cuando esto vio Motheuzoma... a ver y examinar y admirar por la diadema y cabeza del pájaro vio grande número de gentes, que venían marchando desparcidas y en escuadrones de mucha ordenanza, muy aderezados y a guisa de guerra, y batallando unos contra otros escaramuceando en figura de venados y otros animales, y, entonces, como viese tantas visiones y tan disformes, mandó llamar a sus agoreros y adivinos, que eran tenidos por sabios. Habiendo venido a su presencia, les dijo la causa de su admiración: «Habéis de saber, mis queridos sabios amigos, cómo yo he visto grandes y extrañas cosas por una diadema de un pájaro que me han traído por cosa nueva y extraña, que jamás otra como ella se ha visto ni cazado, y por la misma diadema, que es transparente como un espejo, he visto una manera de unas gentes que vienen en ordenanza y porque lo veáis, vedle vosotros y veréis lo propio que yo he visto.» Y queriendo responder a su señor de lo que les había parecido cosa tan inaudita para idear sus juicios, adivinanzas y conjeturas o pronósticos, luego, de improviso, se desapareció el pájaro, y ansí no pudieron dar ningún juicio ni pronóstico cierto y verdadero.

El octavo prodigio y señal de México fue que muchas veces se aparecían y veían dos hombres unidos en un cuerpo, que los naturales los llaman tlacanctzolli. Y otras veían cuerpos con dos cabezas procedentes de solo un cuerpo, los cuales eran llevados al Palacio de la Sala Negra del gran Motheuzoma, en donde, llegando a ella, desaparecían y se hacían invisibles todas estas señales y otras que a los naturales les pronosticaban su fin y acabamiento, porque decían que había de venir el fin y que todo el mundo se había de acabar y consumir y que habían de ser creadas otras nuevas gentes y venir otros nuevos habitantes del mundo. Y ansí, andaban tristes y despavoridos que no sabían qué juicio sobre esto habían de hacer, sobre cosas tan raras, peregrinas, tan nuevas y nunca vistas ni oídas.

Sin estas señales hubo otras en esta provincia de Tlaxcalla antes de la venida de los españoles, muy poco antes. La primera señal fue que cada mañana se veía una claridad que salía de las partes de oriente, tres horas antes que el Sol saliese, la cual claridad era a manera de una niebla blanca muy clara, la cual subía hasta el cielo y, no sabiéndose qué pudiera ser, ponía gran espanto y admiración.

También veían otra señal maravillosa, y era que se levantaba un remolino de polvo, a manera de una manga la cual se levantaba desde encima de la Sierra Matlalcueye, que llaman agora la Sierra de Tlaxcalla, la cual manga subía a tanta altura que parecía llegaba al cielo. Esta señal se vio muchas y diversas veces más de un año continuo, que, ansimismo, ponía espanto y admiración, tan contraria a su natural y nación.

No pensaron ni entendieron sino que eran los dioses que habían bajado del cielo. Y ansí, con tan extraña novedad, voló la nueva por toda la tierra en poca o en mucha población. Como quiera que fuese, al fin se supo de la llegada de tan extraña y nueva gente, especialmente en México, donde era la cabeza de este imperio y monarquía.

Sabida y divulgada no sin gran temor y espanto, las gentes se turbaron no por temor de perder sus tierras, reinos y señoríos, sino por entender que el mundo era acabado, que todas las generaciones de él habían de perecer y que era llegado el fin, pues los dioses habían bajado del cielo y no había que pensar en otra cosa, sino que era llegado el acabamiento y consumación del mundo, y que todo había de perecer y acabarse; y hasta los hombres poderosos buscaron lugares abscondidos y cavernas de la tierra para absconder a sus hijos y mujeres con grandes bastimentos hasta que bajase la ira de los dioses. Y [decían] que las señales de atrás que habían visto eran ya cumplidas con esta venida y que aquellas señales y terremotos en la tierra había parecido no habían sido otra cosa sino avisos que los dioses enviaban para que los hombres se enmendaran [y decían] que más de siete años continuos antes de esta venida habían visto dentro del Sol una espada de fuego que lo atravesaba de parte a parte, una asta que de él salía y una bandera de fuego resplandecientes, que estas cosas no podían pronosticar sino la total destrucción y acabamiento del mundo. Era tanto el llanto y alboroto de las gentes que vivían desesperadas.

Vista por la república mexicana tanta novedad, procuró saber por razones evidentes si estas gentes eran los dioses de lo alto u hombres humanos, y ansí, por mando y acuerdo de Motheuzoma, despacharon gentes muy secretamente a Cempoalla para que le trajesen verdadera relación de lo que había, no embargante que por sus hechiceros, encantadores y adivinos sabían que era gente nueva y no dioses, sino hombres, aunque sus hechizos y encantamientos no los podían comprender, por cuya causa no se determinaban a decir que fuesen hombres, pues las fuerzas de sus encantamientos se perdían contra estas gentes. Y al fin, llegados los mensajeros y espías de Motheuzoma, supieron muy de raíz cómo eran hombres, porque comían, dormían y bebían y apetecían cosas de hombre. Llevaron una espada, una ballesta y otra nueva más extraña, y era que traían consigo una mujer que era hermosa como diosa, porque hablaba la lengua mexicana y la de los dioses, que por ella se entendía lo que querían y que se llamaba Malitzin, porque como fue bautizada la llamaron Marina. Finalmente, sobre este argumento de si eran dioses u hombres no se sabían determinar, porque «si fuesen dioses decían ellos no derribaran nuestros oráculos, ni maltrataran a nuestros dioses, porque fueran sus hermanos, y pues que los maltratan y derriban no deben de ser dioses, sino gentes bestiales y bárbaras, y pues que ansí ofenden a nuestros ídolos ellos les darán el pago.» Estas y otras razones y cosas trataban como hombres sin sentido. Por otra parte, entendían que eran dioses, porque venían en animales muy extraños y jamás vistos ni oídos en el mundo, veían a las gentes y las comunicaban por intercesión de Marina. Llamaban a los caballos venados, que en la lengua mexicana se llaman mazatle y todo género de bestias llaman venado; también llamaban al caballo tlacoxolotl por llamarse ansí la danta, que las hay en esta parte.

Llegados a México con el retorno los espías que habían mandado, refiriendo lo que habían visto y dado noticia de todo, conocieron por sus conjeturas que al fin eran hombres, pues enfermaban, usaban del comer y beber y dormir y hacían otras cosas de hombres; pero admirábanse mucho de que no trajesen mujeres sino aquella Marina. [Y decían] que aquello no podía ser sino que fuese por arte y ordenación de los dioses [por] que ¿cómo sabía su lenguaje?, que era imposible saberlo; y ¿qué [era] la ballesta y espada? [y] preguntábanse cómo era posible que las fuerzas humanas las pudiesen ejercitar. Y ansí, puestos en tan extraña confusión, aguardaron a saber cuál fuese su designio y, vista la poca copia de gente que era, Motheuzoma no hizo caso ni imaginó su perdición, antes entendiendo que si fuesen dioses los aplacaría con sacrificios y oraciones y otros sufragios, y que si fuesen hombres era muy poco su poder. Finalmente, no se le dio nada de ello, sino que consintió en que entrasen y que si eran dioses o sus mensajeros, él se avendría con ellos, y que si fuesen hombres muy en breve tiempo serían reconocidos y les mandaría que se fuesen de sus tierras. Sobre lo cual hubo grandes juntas, acuerdos varios y diversos pareceres. Al fin resultó que entrasen y, hasta ver qué gentes fuesen, mandó Moctheuzoma se estuviesen en Cempohualla y que no los dejasen pasar de allí; mas como Cortés tuviese noticia de este gran príncipe y de sus grandezas y poder, decía y publicaba que le venía a buscar, que le quería ver y visitar y tenelle por señor y amigo. Con estas nuevas mandó Moctheuzoma a sus gentes dijesen a los dioses que si no era para más de velle y visitalle, que se daba por visitado de ellos, que mirasen lo que querían, que él se los mandaría dar y que se volviesen, porque con su venida habían puesto terrible espanto a toda la tierra. Y en estos dares y tomares anduvieron algunos días hasta enristrar su negocio.

Capítulo II. Que trata de quién era Marina y de su matrimonio con Jerónimo de Aguilar

Dejando Cortés gran recado de su gente en Cempohuallan, determinó de caminar y venir en demanda de la provincia de Tlaxcalla. [Mas] como por providencia divina Dios tenía ordenado que esta gentes se convirtiesen a nuestra Santa Fe Católica [y] que viniesen al verdadero conocimiento de El por instrumento y medio de Marina, será razón hagamos relación de este principio de Marina, que por los naturales fue llamada Malintzin y tenida por diosa en grado superlativo, que ansí se debe entender, [por] que todas las cosas que acaban en diminutivo es por vía reverencial, y entre los naturales tomado por grado superlativo, como si dijéramos agora «mi muy gran Señor» huelnohueytlatocatzin, y ansí llamaban a Marina de esta manera comúnmente Malintzin. En lo que toca al origen de Malintzin, hay más grandes variedades sobre su nacimiento y de qué tierra era, de lo cual no trataremos sino de algunos pasos y acontecimientos mediante ella, porque los que han escrito de las conquistas de esta tierra habrán tratado largamente de ello; especialmente, Bernal Díaz del Castillo, autor muy antiguo que hablará como testigo de vista copiosamente de esto, pues se halló en todo, como uno de los primeros conquistadores de este Nuevo Mundo, al cual me remito.

Notoria cosa es y muy sabida, cómo Malintzin fue una india de mucho ser y valor y buen entendimiento y natural mexicana. La cual fue hurtada de entre sus padres, siendo de buena gracia y parecer, y entregada a unos mercaderes que trataban en toda la costa del Norte, la cual fue llevada de lance en lance hasta Tabasco y Potonchan y Acosamilco. Otros quieren decir que fue hija de un mercader y que [éste] la llevó consigo por aquellas tierras. Lo cual no satisface a un buen entendimiento, sino que siendo hermosa fue llevada para ser mujer de algún cacique de aquella costa y que fue presentada por algunos mercaderes para tener entrada y seguridad con los caciques de Acosamilco. Y ansí fue, [por]que, en efecto, la tenía un cacique de aquella tierra cuando la halló Cortés. Como quiera que sea, ello pasó ansí. Otros quieren decir que Marina fue natural de la provincia de Xalisco, de un lugar llamado Huilotla; que fue hija de ricos padres y muy notables y parientes del señor de aquella tierra. Contradícese el ser de aquella tierra de Xalisco, porque aquella nación es de chichimecas y la Marina era de la lengua mexicana, muy discreta y avisada y entre los naturales tenida por muy avisada y por cortesana, [y] aunque había lengua mexicana y se hablaba en aquella tierra, era tosca y grosera. Dicen, ansimismo, que Marina fue presentada antes en Potonchan con otras veinte mujeres que allí se dieron a Cortés que la trajeron a vender a unos mercaderes mexicanos a Xicalanco, provincia que cae encima de Cohuatzacoalco, apartada de Tabasco. Ella fue natural mexicana, porque sabía la lengua muy despiertamente, por do se arguye que, cuando pasó a aquellas tierras, era ya mujer capaz de dar razón de rey Moctheuzoma y de los enemigos y contrarios que tenía de su gran Imperio y monarquía, y [de sus] grandes riquezas y tesoros.

Estando en este cautiverio, acaeció que por aquellas tierras había arribado a la costa un navío de los que habían venido a descubrir [las] tierras, que en otros tiempos llamaban de Yucatán, por mandado de Diego Velázquez, gobernador de la isla de Cuba, y de estas naves o de las de Francisco Hernández de Córdoba, quedaron cautivos entre los indios algunos de sus soldados, de los cuales fue uno que se llamó García del Pilar y otro Jerónimo de Aguilar, españoles, a los cuales conoció después. Habiendo pues, quedado cautivo Aguilar en aquella tierra, procuró de servir y agradar en gran manera a su amo ansí en pesquerías como en otros servicios, que los sabía bien hacer que vino a ganar tanto la voluntad, que le dio por mujer a Malintzin. Y como fuese Aguilar tan hábil, tomó la lengua de aquella tierra tan bien y en tan breve tiempo que los propios indios se admiraban al ver como la hablaba. Y fue en tanta manera convertido en indio que se horadó las orejas y narices y se labró y se rayó la cara y carnes como los propios indios. Compelido de la pura necesidad se puso a todo, aunque siempre y a la continua observó su cristiandad y fue cristiano y guardó el conocimiento y observancia de la ley de Dios. Malintzin, compelida de la misma necesidad, tomó la lengua de aquella tierra, tan bien y tan enteramente que marido y mujer se entendían y la hablaban como la suya propia. Y por este artificio el Jerónimo de Aguilar supo y entendió grandes secretos de toda esta tierra y del señorío del gran Moctheuzoma. Y ansí como Cortés llegó con su armada a esta costa, por voluntad divina fue hallado este Jerónimo de Aguilar, el cual salió con gran muchedumbre de canoas al armada de los cristianos, con acuerdo y mando de su amo y de los otros caciques de aquella tierra con una cruz de caña y una banderilla alta, dando grandes voces y diciendo al de la capitana: «¡Cruz! ¡Cruz! ¡Cristo! ¡Cristianos! ¡Sevilla, Sevilla!», a las cuales voces puso grande admiración a los de la armada; mas, llegados al fin de este negocio, se llegaron a las naos, tomando ante todas cosas la fe de Cortés [de] que no enojaría a los de aquella tierra, antes los trataría como amigos, porque lo principal que aquellas gentes trataron con Aguilar fue que a sus hermanos no los enojasen, lo cual se hizo ansí y se cumplió.

Tornando a nuestro fin y principal intento. Llamada Malintzin para ser instrumento de tanto bien, Hernando Cortés la recibió y trató como a cosa que tanto le importaba, la sirvió y regaló tanto cuanto humanamente se le pudo hacer; y, para que fuese bien tratada, la dio en guarda a Juan Pérez de Arteaga, soldado muy noble de la compañía, que después fue llamado Juan Pérez Malintzin, a diferencia de otros de este nombre de Juan Pérez: Y como la Malintzin no sabía más lengua que la mexicana y la de Vilotla y Cosumel, hablaba con Aguilar y el Aguilar la declaraba en la lengua castellana; de suerte que para interpretar la mexicana, se había de interpretar por la lengua de Vilotla y Cosumel con Aguilar y Aguilar la había de convertir en la nuestra, hasta que la Malintzin vino hablar la nuestra.

Capítulo III. Que trata de cómo Hernando Cortés fue recibido de paz por las cabezas de Tlaxcalla

Habiendo, pues, tomado Cortés la razón de toda la tierra y de la grandeza y majestad de Moctheuzoma y de sus contrarios en Cempohuallan, escribió una carta a la provincia de Tlaxcalla, a los cuatro señores de ella, diciéndoles cómo él había llegado a esta tierra con deseo de vellos y conocellos y ayudalles en todos sus trabajos y necesidades, que bien sabía estaban apretados y opresos de las grandes tiranía de los culhuas mexicanos, y que él venía en nombre de un gran señor, que se llamaba el emperador don Carlos, y que traía consigo al verdadero Dios, porque los dioses que ellos adoraban eran falsos y hechos a mano y por mano de hombres mortales, y que el Dios que él y sus compañeros adoraban era el que había criado el cielo y la tierra y todo lo que en él había, y que allí les enviaba un sombrero, una espada y una ballesta para que viesen la fortaleza de sus armas, las cuales traía para socorrer y favorecerlos como a hermanos contra aquel tirano y fiero carnicero de Moctheuzoma, porque él sabía que los tenía muy enojados. Estas cosas y otras de gran presunción contenía la carta; pero como no sabían leer, no pudieron entender lo que contenía. Los mensajeros que la traían dijeron de palabra estar razones relatadas porque Malintzin se las dio a entender para que de palabra ansí las dijesen a los señores y caciques de Tlaxcalla. Y como llegasen, los mensajeros cempohualtecas dieron la espada, carta y ballesta y sombrero de seda de tafetán carmesí, que antiguamente se usaban unos chapeos velludos de seda. Y con estas cosas y otras que con los mensajeros añadieron, pusieron en extraña alteración a toda la república de Tlaxcalla.

Ayuntados los cuatro señores de las cuatro cabeceras y los más principales y demás caciques sobre lo que se determinaría en este caso, si por ventura matarían a los mensajeros de Cempohuallan por ser, como eran, vasallos de mexicanos, no viniesen de industria con acechanza de parte de los culhuaques de México, o si era prodigio o abusión de alguna mala nueva. Y estando en esta consulta, salió resuelto de que no los matasen, sino que dijesen a aquellas gentes que eran tenidos por dioses, que fuesen bien venidos, que cuando les pareciese venir a su tierra serían bien recibidos. Y en este ayuntamiento dijo el gran Xicotencatl a Maxixcatzin, a Citlalpopocatzin y a Hueyolotzin: «Ya sabéis, grandes y generosos señores, si bien os acordáis, cómo tenemos de nuestra antigüedad cómo han de venir gentes de la parte de donde sale el Sol, y que han de emparentar con nosotros, y que hemos de ser todos unos, y que han de ser blancos y barbudos, que han de traer celadas en las cabezas por señal de gobierno, que han de ser zancudos, y que han de traer armas muy fuertes y más fuertes que nuestros arcos (por la ballesta que ansí la llamaban) que no las podemos enarcar, y con espadas de delicados filos, que nuestras armas [comparadas] con éstas no son muy tenidas ni estimadas en nada. Estos son y estos nos vienen a buscar, y no son otros. ¿En qué mejor tiempo que éste pueden venir, que llevamos de vencida la provincia de Huexotzinco, que los tenemos arrinconados en las haldas de la Sierra Nevada, y desde allí están pidiendo socorro a Moctheuzoma? Nos curemos de más venganza. Estos dioses u hombres, veamos lo que pretenden y quieren, porque las palabras con que nos saludan son de mucha amistad, y bien deben de saber nuestros trabajos y continuas guerras, pues nos lo envían a decir». Con esto los mensajeros se volvieron a Cortés, y en el inter los sacrificios de sus dioses infernales, ritos y supersticiones no cesaban, [antes se hacían] con más fervor y cuidado.

Ya en este tiempo los dioses mudos se caían de sus lugares, temblores de tierra y cometas del cielo, que corrían de una parte a otra por los aires. Los grandes lloros y llantos de niños y mujeres, de gran temor y espanto, de que el mundo perecía y se acababa, que no hay lengua ni pluma que lo pueda ponderar y encarecer. Como Cortés no hacía sino marchar, llegó a los confines y términos de esta provincia con su gente buena y católica compañía, donde fue recibido con algazara, escaramuzas y gran aspereza de guerra, donde mataron un español y dos caballos como atrás dejamos declarado, por los indios otomís de Texohuatzinco, guardarraya y fronteros que guardaban aquella frontera; mas sabido por los tlaxcaltecas, les fueron mandados y enviados mensajeros, que fueron Coztomatl y Zohinpanecatl, para que no los enojasen y que los dejasen pasar por donde quisiesen. Y ansí fue, que habiendo estado algunos días en este pueblo de Tecohuatzinco, se movieron de allí y se vinieron a Tlaxcalla, donde el gran señor Xicotencatl recibió a Cortés de paz y a sus compañeros, cuyo recibimiento fue el más solemne y famoso que en el mundo se ha visto ni oído, porque en tierras tan remotas y extrañas y apartadas nunca a príncipe alguno se había hecho otro tal, porque salieron los cuatro señores de las cuatro cabeceras de la Señoría y República de Tlaxcalla con la mayor pompa y majestad que pudieron, acompañados de otros muchos tecuhtles y pyles y grandes señores de aquella República, más de cien mil hombres, que no cabían en los campos y calles, y que parece cosa imposible.

El primer recibimiento se les hizo en Tzompanzingo, lugar muy principal de Tlaxcalla. Allí fue recibido [Cortés] de los principales en aquel pueblo. De allí pasaron los nuestros a otro lugar muy grande, que llamaban Atliquitlan, de aquí salieron otros tecuhtlis y pyles de muy gran valor y estima, donde salió Piltecuhtli acompañado de gran muchedumbre de gente. Y de este lugar bajaron a Tizatlan, que es el lugar de la cabecera de Xicotencatl. Aquí, en este lugar y casas de Xicotencatl, por ser muy viejo, no salió de su casa más que hasta un patio donde había unas gradas de poca bajada. Aquí estuvieron todos los demás señores de las cabeceras, que eran Maxixcatzin, Citlalpopocatzin, Tlehuexolotzin y demás señores al respecto, para hacer tan solemnísimo recibimiento.

Llegados los nuestros y puestos en ordenanza a donde debían ser recibidos, llegó Xicotencatl a abrazar a Hernando Cortés y hacelle la salva, como en efecto lo hizo; mas Cortés, como hombre sagaz y astuto y no en ningún caso descuidado, ansimismo le abrazó, más, siempre con gran recato, le asió de la muñeca del brazo derecho, y no se consintió apretar el cuerpo. Y de esta forma y término lo hizo con Maxixcatzin, Citlalpopocatzin y Tlehuexolotzin. Hecha esta ceremonia tan famosa, se fueron Xicotencatl, Cortés y Malintzin mano a mano hasta donde habían de ser alojados y aposentados, tratando de su venida y de cómo los venía a visitar y ayudar en lo que se les ofreciese y a castigar a Moctheuzoma, su capital enemigo, y toda la demás gente de culhua, que en aquella sazón prevalecía y predominaba en toda la máquina de este Nuevo Orbe, donde era tan temido y adorado y reverenciado como si fuese su dios, teniendo señorío, poder y mando en este tan remoto y apartado imperio sobre todas las naciones de estas tan extrañas partes.

Capítulo IV. Que trata de las pláticas que hubo entre Cortés y los señores de las cuatro cabeceras y de cómo recibieron el Santo Bautismo

Aposentados, como tenemos referido, los nuestros en los palacios de Xicotencatl, con mucho cuidado fueron de él regalados y servidos, donde presentaron a Cortés muchas joyas de oro y pedrería de gran precio y valor, muchedumbre de ropa de algodón muy ricamente labrada de labor tejido y otras ropas de plumas de estima, y gran suma de bastimentos de aves, gallinas y codornices, liebres, conejos, venados y otros géneros de caza, que son y eran de las carnes que usaban comer los señores de esta tierra, sin el maíz y frijol y otras legumbres de la tierra. Finalmente, se le dio todo lo necesario para el sustento de los nuestros. Luego a los principios, en el lugar y pueblo de Tecohuatzinco, en la provincia de Tlaxcalla, entendieron los naturales que el caballo y el que iba encima era todo una cosa, como los centauros u otra causa monstruosa, y ansí daban ración a los caballos, como si fuesen hombres, de gallinas y cosas de carne y pan. El cual engaño duró muy poco, porque luego entendieron que eran animales irracionales que se sustentaban de yerbas y en el campo, aunque también estuvieron mucho tiempo en opinión de ser animales fieras que se comían a las gentes, y por esta causa decían que los hombres blancos les echaban frenos en las bocas atrailladas contra ellos. Cuando acaso algún caballo traía ensangrentada la boca, decían que se había comido algún hombre. Por manera que sospechaban que eran de tanto entendimiento que los mandaban los dioses para lo que habían de hacer, sin entender el secreto del gobierno del freno y espuelas. Y ansí, cuando relinchaba un caballo decían que pedía de comer y que se lo diesen luego, no se enojase. De esta manera procuraban de tener contentos a los caballos, en darles de comer y de beber muy cumplidamente.

De estas novedades y casos no vistos, venían gentes forasteras y extrañas secretamente a saber lo que pasaba, y qué gentes eran éstas que habían venido, de dónde y de qué parte y qué cosas las que traían. Los de Tlaxcalla les decían muchas más cosas de las que pasaban para ponelles temor y espanto y que publicasen todas estas cosas en toda la tiera, como en efecto se puso, y se decía afirmativamente que los nuestros eran dioses, o que no había poder humano que pudiese pugnar contra ellos, ni quien los pudiese ofender en el mundo ni enojallos.

Estando pues los nuestros en este buen alojamiento, prestaron a Cortés más de trescientas mujeres hermosas de muy buen parecer [y] muy bien ataviadas, las cuales le daban para su servicio, porque eran esclavas que estaban dedicadas para el sacrificio de sus ídolos y estaban presas y condenadas a muerte por excesos y delitos que habían cometido contra sus leyes y fueros. Y pareciendo a los caciques que no había mejor en qué emplearlas, las dieron en ofrenda y sacrificio a los nuestros, las cuales iban llorando su gran desventura al padecer crueles muertes, considerando el cruel sacrificio que habían de padecer y [que] después de muertas [habíanlas de] comérselas los dioses nuevamente venidos. Algunos han querido afirmar en este particular que estas mujeres eran hijas de señores y principales. Lo cual no pasó ansí porque de su antigüedad tenían esclavos y esclavas habidas en despojos de guerras y de gentes extranjeras venidas y traídas de otras naciones y esta esclavonía sucedía en los hijos e hijas de los esclavos [y] esclavas y pasaba muy adelante esta sucesión hasta los bisnietos. Finalmente, aquestas trescientas mujeres se dieron y ofrecieron al capitán Cortés para que le sirviesen a él y a sus compañeros.

Y al tiempo que se las presentaron no las quiso recibir, sino que se las tornaron a llevar, respondiéndoles que se lo agradecía mucho y que no las quería recibir porque en su religión cristiana no se permitía aquello, porque si no fuesen cristianas bautizadas no se podía hacer, y cuando esto obiese de ser, sería para tomarlas por su única mujer y compañía por orden de la Santa Madre Iglesia, que no las podía tener porque su ley lo vedaba como adelante, mediante Nuestro Señor, lo verían. Mas con todo esto, [viéndo los] grandes ruegos y persuasiones, las recibió a título de que se recibían para que sirviesen a Malintzin, advirtiendo de que sienten mucho los indios cuando no les reciben los presentes que dan, aunque sea una flor, porque dicen que es sospecha de enemistad y de poco amor y poca confianza del dante y del que presenta la cosa, que ansí se usaba entre ellos. Cuando tenían una mujer principal, la acompañaban muchas mujeres para que las sirviesen; de manera que para el servicio de Marina se quedaron en servicio del capitán Cortés las [trescientas esclavas], como dicho es. Hasta que adelante, viendo que algunas se hallaban bien con los españoles, los propios caciques y principales daban sus hijas propias con el propósito de que si acaso algunas se empreñasen, quedase entre ellos generación de hombres tan valientes y temidos. Y ansí fue que el buen Xicotencatl dio una hija suya hermosa y de buen parecer a don Pedro de Alvarado por mujer, que se llamó Doña María Luisa Tecuelhuatzin, porque en su gentilidad no había más matrimonio que el que se contraía por voluntad de los padres, y ansí daban sus hijas a otros señores, que aunque se usaban muchas ceremonias de sus ritos y gentílicos, como atrás lo dejamos declarado, los señores absolutamente tomaban las mujeres que querían y se las daban como a los hombres poderosos; y por esta orden se dieron muchas hijas de señores a los españoles para que quedase de ellos casta y generación, por si fuesen de esta tierra.

Llamaron los naturales a Hernando Cortés chalchiuh capitán que quiere decir tanto como si dijéramos «capitán de gran estima y valor», y este es el natural sentido que se le daba, porque el chachihuitl es de color de esmeralda, y las esperaldas son tenidas en mucho entre los naturales, son muy preciadas, y ansí compararon la persona de Cortés con estas piedras, llamándole chalchihuitl capitán, comparando al buen español con los chachihuites y esmeraldas, o como si agora dijésemos «esmeralda capitán o muy preciado caballero», llamándole ansí por excelencia chalchihuitl capitán. Por lo consiguiente llamaron a don Pedro de Alvarado el Sol, porque decían que era hijo del Sol por ser rubio y colorado, de muy lindo rostro, donaire y disposición y buen parecer, y ansí entre los naturales no le daban otro renombre, porque después del capitán Hernando Cortés no hubo otro más querido ni amado de los naturales que don Pedro de Alvarado, especialmente de los de Tlaxcalla. Como estuvieron los españoles en este buen acogimiento en las casas y palacios de gran Xicotencatl, procuró Maxixcatzin, con grandes ruegos, que Cortés y toda su gente se pasasen a su barrio y cabecera y a sus casas, y que allí le serviría y regalaría, que es en el barrio y cabecera de Ocotelulco. Lo cual Cortés le agradeció mucho y se pasó a su señorío y cabecera él y sus compañeros, ansí por dalle gusto y contentalle, como también porque ansí le convenía dar contento a todos y ganalles la voluntad, particularmente a Maxixcatzin. Tuvieron allí descanso algunos días con mucho regalo y regocijo, con buenos entretenimientos de fiestas a su usanza.

Al cabo de todo esto y pasadas sus fiestas, habiéndose congregado los cuatro señores de las cuatro cabeceras y demás principales y caciques, procuraron de tratar con Cortés con palabras blandas, y le rogaron y suplicaron con mucho encarecimiento, diciendo de esta manera: «Pedímoste por mercer, Valeroso Capitán, único señor de los hombres blancos y barbudos, que ya que os tenemos por hermanos y muy verdaderos amigos, que os declaréis con nosotros en decirnos y declararnos sin doblez ninguno, sino sencillamente y con abierto pecho y claras entrañas ¿qué es lo que buscáis y lo que queréis? ¿cuál [es] vuestro disinio y principal propósito? y ¿a qué habéis venido a nuestras tierras? Porque ya nosotros aquí estamos y aquí nos tenéis en paz a vuestra voluntad y limpia y segura amistad, con fe y palabra inviolable de que os tenemos por amigos con presupuesto de jamás quebrantarla nosotros, ni los nuestros, ni nuestros hijos. Decidnos agora bajo de esto vuestra voluntad y de toda la realidad de la verdad, primeramente, si sois hijos de Dios y si sois hombres mortales como nosotros, o si tenéis alguna deidad, o si sois dioses y de qué partes del mundo sois venidos y si es cierto que habéis bajado del cielo como se ha imaginado. Desengañadnos de todo punto, porque queremos estar desengañados, seguros y satisfechos, porque sabido vuestro intento, aquí nos tenéis para todo lo que quisiereis hacer e intentar, y nos hallaréis muy prontos y aparejados para todo. Si habéis de pasar adelante, os daremos favor y todo lo necesario para el matalotaje; si traéis intención de vivir entre nosotros, mirad donde os parece buen sitio para hacer vuestro asiento y donde estaréis mejor acomodados, porque os daremos tierras y montes y aguas, y os ayudaremos a hacer vuestras casas para en las cuales podáis vivir a vuestro contento. Y cuando esto no sea de todo lo que os preguntamos, decidnos si nos traéis alguna embajada de los altos soberanos dioses a cuya deidad estamos sujetos. Decidnos y declaradnos la verdad, que cualquiera cosa que se nos dijese de parte de ellos estamos muy prestos para lo cumplir, ansí por guerras como por sacrificios o cualquiera otro modo y manera que lo tengan ordenado, según fuese su voluntad, que suyos somos y sus vasallos, por tanto, Valeroso Capitán, no nos tengáis ansí suspensos, declaradnos vuestra voluntad, pues la nuestra bien la sabéis y la habéis conocido, que de ilustres y nobles caballeros es declararse con los amigos, y aún con los enemigos».

A las cuales razones que obieron hablado Maxixcatzin y Xicotencatl, respondió Cortés mediante y por lengua de Malintzin y Aguilar, diciendo a los cuatro señores de las cuatro cabeceras: «Yo os agradezco mucho, generosos y amigos míos, vuestra lealtad y amigable voluntad. Bien parece vuestro principado ser de mucha alteza y estima y gran valor, pues ansí es. Queréis saber particularmente de mí y de mis compañeros quiénes somos, y de dónde y de qué parte venimos. Justa razón pedís y es muy bien que se os diga, y estéis desengañados de las dudas en que estáis y de las cosas que ignoráis. Habéis de saber que mis compañeros y yo somos venidos de muy lejanas partes y de tierras muy remotas y apartadas de éstas; nos llamamos cristianos, porque lo somos por ser hijos del verdadero Dios, de aquel que crió el cielo y la tierra, y todas las demás cosas que en el mundo hay y se ven. Y somos venidos de parte del Emperador don Carlos de Austria, que es muy gran señor, el cual nos ha enviado a visitaros, porque sabe y entiende la necesidad en que estáis, ansí de fuerzas temporales como de fe, para que os demos noticia, dándoos a entender cómo no hay más de un solo Dios verdadero, porque todos los demás que tenéis y adoráis por dioses son dioses falsos y de mentira, llenos de vanidad, obrados y hechos por mano de otros hombres bestiales y torpes, porque al fin son dioses mudos e insensibles que no se mueven, y ansí su ser es compuesto de ninguna fuerza, ni valor, ni de ningún efecto. Para lo cual soy venido [para] desengañaros del engaño en que vivís y habéis estado, y traeros y daros otra ley mejor que la vuestra, porque es la del verdadero Dios, limpia y clara sin ningún género de engaño ni duda, fuera de tanta barbarie de sacrificios crueles y abominables como son los que usáis en vuestros ritos. Y, ansimismo, vengo a declarar y decir cómo después de esta vida hay otra que es eterna y sin fin, cuya claridad os será mostrada y enseñada por los Ministros de Dios, para que estéis enterados de las cosas de nuestra Santa Fe Católica, que para ello el gran señor de cuya parte soy venido os enviará muy en breve tiempo. Y ansí os ruego y amonesto que tengáis por bien, sin recibir pesadumbre alguna, pues tanta amistad me tenéis, que quiero derribar estos vuestros ídolos, aquestos que tenéis y adoráis por dioses, que os tienen ciegos y engañados, que esta ha sido mi principal venida. Y, después de esto, vengo a ayudaros y a dar muy cruda guerra a Moctheuzoma vuestro capital enemigo, y vengar vuestras injurias, en cuya venganza y castigo veréis que mi amistad es firme y muy verdadera, para, después [de] vengaros de vuestros crueles enemigos y crueles adversarios, vivir con descanso entre vosotros, sin jamás desampararos. Quería sacar de esto, generosos señores, que os persuadiésedes a querer seguir ante todas cosas mi sacra religión, mi santísima ley y fe verdadera, que es la del verdadero Dios Jesucristo nuestro señor Unigénito, Hijo de Dios y Salvador del Mundo, y que os bautizáredes con el agua del Espíritu Santo para que quedaseis lavados y limpios de todas vuestras culpas, mancillas y pecados. Y con esto tendré por cierto que me queréis bien, y con este vínculo de amor quedará confirmada nuestra amistad para siempre jamás. Y llamaros cristianos, como yo me llamo y se llaman y apellidan todos mis compañeros, que es el más alto blasón, renombre y apellido que podemos tener, porque es derivado y tomado del Santísimo Nombre del Hijo de Dios verdadero, Jesucristo, Nuestro Señor y Redentor del género humano. Que, con esto, cesen los crueles y horrendos sacrificios y endemoniados ritos que tenéis y que, con esto, diésedes de mano al demonio, que os tiene ciegos y engañados, dando al través con todas estas cosas que el enemigo del género humano con sus malicias y astucias os ha incitado, que no viviereis más en el engaño en que vosotros y vuestros antepasados vivían y hasta agora habéis vivido. Olvidad y desarraigad de vuestros corazones tan gran engaño y torpeza y error, destruyendo totalmente el nombre que tenéis de idólatras sacrificadores y comedores de carne humana y de vuestras propias carnes y sangre, cuyos nefandos y aborrecibles pecados e infernales hechos son reprobados entre hombres de razón y de ley de naturaleza, porque un crimen tan atroz y uso tan cruelísimo y abominable entre todas las generaciones del mundo, pésimo, detestable y de tan horrenda abominación, jamás se ha visto, ni oído, ni hallado en todas las naciones del Universo, pues [hasta los] fieros animales aborrecen comerse unos a otros, siendo gobernados tan solamente por instinto natural, como más largamente os podría decir, y traer otros muchos más ejemplos con urgentísimas razones, las cuales omito hacer por dar fin a mi respuesta. Por tanto, señores y amigos míos generosos, pues me habéis pedido razón de mi venida y os he querido satisfacer, ya os la he dado muy por extenso sin haberos ocultado cosa alguna, sino que clara y abiertamente os he descubierto mi pecho. Y ansí, podréis decir e informar a todas vuestras gentes y a aquellos que quisiesen seguir mi amistad y venirse de paz y tornarse cristianos y ser del gremio de nuestra Santa Madre Iglesia de Roma y recibir el verdadero bautismo, que serán libres del demonio y [que] seremos todos unos, incorporados en un gremio. En lo que toca a decir que si somos dioses, somos hombres humanos y mortales como vosotros; pero la ventaja que tenemos sobre los otros hombres solo está en ser cristianos, en servir, como servimos, a un solo Dios verdadero; y la diferencia que hay entre nosotros y vosotros es que vosotros servís a las estatuas e ídolos semejantes del demonio, y nosotros servimos a Dios, que crió el cielo y la tierra, como os lo tengo significado desde el principio de mi plática» y con esto acabó el Valeroso Capitán con semblante muy severo. Y ansí quedaron y estuvieron los cuatro señores de las cuatro cabeceras de la Señoría de Tlaxcalla absortos, admirados y suspensos de las cosas que el Buen Capitán les había dicho y respondido.

Habiendo estado muy atentos a todo y habiendo oído tan blandas y amorosas palabras, tan vivas y de tan grande eficacia, que les penetraban los corazones, infundiendo en ellos milagrosamente la gracia del Espíritu Santo y estando llenos de esta plenitud, respondieron muy tiernamente y lagrimosos a estas profundas palabras, diciendo de esta manera: «¡Oh Valeroso Capitán y más que hombre!, verdaderamente no podemos creer sino que sois hijo de los dioses y el más valiente y esforzado príncipe de la tierra y gran señor de los hombres blancos y barbudos, y el más temido varón que hasta hoy hemos visto los nacidos, ni oído en el mundo. ¿Cómo deshaces y tienes en poco con tan gran atrevimiento la deidad de nuestros dioses y [la] suma alteza de aquellos que desde el cielo gobiernan la tierra? ¿Por ventura nos habláis por engaño y cautela para que ignoremos que sois vosotros los que habéis bajado del cielo para remedio de los hombres que vivimos en la tierra? Declaraos ya con nosotros y no queráis que con torpe engaño caigamos en otros mayores errores; porque si ansí es como decís, que no hay más de un solo Dios y que todos los demás son compuestos y fabricados por manos de hombres, que no hablan ni se mueven y que son estatuas sin sentido, ansí es verdad, te lo concedemos y confesamos; mas estos bultos y estatua a quienes servimos y adoramos son imágenes, figuras y modelos de los dioses que en la tierra fueron hombres y [que] por sus hechos heroicos y famosos subieron allá, donde viven en eterno descanso, como agora vosotros, que sois como dioses, que, quedando acá sus estatuas entre nosotros, se fueron a residir a sus lugares y moradas de gozo, donde viven con descanso, y desde allá nos envían a la tierra con sus divinas influencias, con su virtud y gran poder todo lo necesario, viendo que sus bultos y figuras son adoradas de las gentes. Y ansí, no sabemos, capitán, cuál sea la causa que traéis inclinado contra ellos, porque nos dices y amonestas que no hay más de un Dios, que éste es criador del cielo y de la tierra, que es el verdadero y que a éste servís y adoráis tú y tus compañeros, y a éste nos persuades que creamos, y [dices] que creyendo en él seremos todos unos, echándonos agua en las cabezas en nombre y virtud del mismo Dios, y que nos llamaremos cristianos, quedando con esto limpios y lavados de nuestras culpas y pecados, que seremos hijos suyos, y esto tenga efecto y sea válido, que ante todas cosas hemos de consentir que nos derribes y desbarates nuestros ídolos, que son semejanza de nuestros dioses, a los cuales adoramos y reverenciamos de tantos siglos atrás nosotros y nuestros antepasados, que con tanta religión observaron y guardaron en el culto dellos. ¿Cómo quieres tú que con tanta facilidad los dejemos y consintamos que con tus violentas y sacrílegas manos te dejemos profanar los dioses que en tanto tenemos y estimamos? ¡Valeroso Capitán! ¿Para qué queréis mover agora negocio tan intratable, alterando los corazones de los nuestros al querer intentar un caso tan duro y tan dudoso como éste, quebrantando un fuero tan inviolable? Si con tan denodado atrevimiento y tan temerario lo hicieses, los hombres, que vivimos en la tierra y tan sujetos a la voluntad de los dioses, no lo habrían comenzado a poner por obra cuando todos ellos se indignarían contra el mundo y lo destruirían y tornarían por su propia causa y deidad; cuando viesen que los hombres los menospreciábamos en la tierra, nos enviarían hambres, pestilencias y otros desastres, infortunios y calamidades, desechándonos y expeliéndonos como a hombres malditos y apartados de su amistad, y no nos hablarían más, ni nos responderían como nos responden; el Sol y la Luna y demás estrellas relumbrantes se enfadarían contra nosotros y ya no nos mostrarían más su luz ni claridad. Mira pues, señor y muy temido caballero de los dioses blancos y barbudos, lo que quieres emprender; mira que te queremos mucho y te rogamos que no lo hagas, no te suceda algún trabajo, porque tenemos por experiencia que cuando algunos de nosotros llegamos con insolencia a algunas de estas reliquias indignamente, caen sobre nosotros grandes relámpagos, rayos y truenos del cielo en castigo de tan grande osadía y atrevimiento. Dejando aparte este negocio que toca a los dioses, todas las demás cosas que nos has dicho, que es ir contra culhua a asolar y destruir por fuerza de armas con cruda y fuerte guerra todo nos parece poco ponello debajo de tu señorío y el mando no lo estimamos y tenemos en nada en comparación de lo que nos has dicho, ni el tenerte por amigo, ni el reconocer por tal al gran señor que te envía, que es el que nos dices que se llama Emperador monarca del mundo, aquel que de tan lejas partes nos envía a saludar y visitar. Para corresponder a tan gran merced como ésta, nos obliga a que le sirvamos y agradezcamos, ayudándole con todo lo que se le ofreciese, teniéndolo siempre por verdadero señor y amigo nuestro. Mira lo que ha menester de nosotros, dinos si quiere algo de las cosas de nuestra tierra que por la amistad que le tenemos y a ti te hemos cobrado, lo haremos muy de veras y cumplidamente, porque esta nuestra paz y amistad ha de ser para siempre eterna y perdurable hasta la fin de los siglos futuros y advenideros. Por tanto, mira lo que quieres, que aquí estamos muy prontos para todas las ocasiones que se te ofrecieren a ti y tus valerosos compañeros, ansí en la paz como en la guerra, como se lo puedes decir al gran señor que te ha enviado».

Este razonamiento propuso en nombre de todos el poderoso gran Señor Maxixcatzin, que era muy discreto y el más mozo de los cuatro caciques. A las cuales palabras, nuestro animoso e invencible español Cortés respondió replicando con cristianísimo y católico pecho y con la mayor osadía que hombres pudieran tener, diciendo de esta manera, constreñido del celo cristiano de que estaba armado: «Breve e visto, leales amigos y muy estimados señores, el amor y amistad que me tenéis sin género de doblez alguno, a lo cual no puedo dejar de acudir de hacer vuestra voluntad, especialmente siendo cosa que conviene a vuestro propio remedio, porque destruir yo y asolar este mundo y todas cuantas naciones en él hay no lo estimaría yo en nada [por] cuanto deseo vuestra salvación y que salgáis del error en que vivís, porque teniéndoos de mi parte y bando todo se me facilita y allana. Pero es recio caso, amigos y señores míos, que no seáis cristianos y de la cristiana parcialidad, porque siendo yo cristiano e hijo del verdadero Dios, cuya ley y doctrina guardo, viva entre gentes que saben y adoran dioses de falsedad y mentira. En cuanto a esto que decís que han de destruir el mundo mostrando grande ira contra los hombres, que enviarán fuego del cielo, hambres y pestilencias y otras calamidades como habéis referido, es negocio de poco momento e imaginación vana. Lo cual tomo a mi cargo para avenirme con ellos, porque ni son dioses, ni son nada, ni tienen ningún poder. Finalmente, como amigo fiel, os ruego y aconsejo que no creáis en ellos, sino que los derribemos y volemos, despedazándolos y quebrantándolos de manera que no quede nombre ni memoria de ellos en el mundo, porque es muy gran lástima que señores principales, tan claros y generosos, sean sujetos a abominables figuras. Persuadíos por tanto, amigos míos, a ser cristianos y no seáis incrédulos, ni tan obstinados en vuestros errores. Mirad con los ojos del entendimiento lo que os he significado, porque es la pura verdad. Dejad la pertinacia endurecida de vuestros corazones, animaos a ser hijos de Dios, que os infundirá su divina gracia y os dará verdadera claridad y lumbre para que mejor entendáis lo que con palabras no os puedo explicar».

Oído negocio tan duro y pesado para un tan arraigado uso y costumbre, quedaron por muy gran rato sin poder hablar ni responder cosa alguna; mas al cabo, habiendo bien considerado lo que con tanto espíritu el capitán Cortés les decía, le respondieron de común consentimiento que pues ellos le habían dado sus corazones y amistad, que era lo mejor de sus personas, ellos en este caso se rendían y no tenían que responder, sino que ejecutara su voluntad, y [que] hiciese lo que por bien tuviese, derribase los ídolos y los diese por ningunos. Pero que si algo sucediese, que no fuese a su cargo, y que fuese visto y entendido que ellos no querían enojar a los dioses, ni era tal su voluntad, ni menos los querían creer, sino al Dios verdadero de los cristianos, que era aquel que había criado los cielos y la tierra, y en aquel en quien creían, y que querían tornarse cristianos y echarse agua en las cabezas, como ellos tenían de costumbre [al] ser bautizados y guardar su ley y mandamientos, como ellos guardaban. Finalmente, [prometieron] seguir y guardar sus buenas y santas costumbres. Y porque sus gentes no se alborotasen, [dijeron] que ellos les querían hablar, dándoles a entender todas aquellas cosas de que habían sido informados, y que en el interín se estuviesen quietos y sosegados y que apaciguasen en sus corazones.

Tomando, pues, la mano en esto los cuatro señores, hicieron grandes juntas en sus pueblos, barrios y cabeceras, donde dieron entera noticia de lo que el capitán quería y pretendía hacer en destruir y derribar sus dioses, y que no tan solamente venía a castigar a los injustos hombres, sino que también quería tomar venganza de los dioses inmortales, porque «nos ha dicho que nos quiere dar otra nueva ley, limpia y loable, y que para esto tengamos por bien que recibamos otro Dios». Este modo de hablar y decir, que les quería dar otro Dios, es, a saber, que cuando estas gentes tenían noticia de algún Dios de buenas propiedades y costumbres, le recibían, admitiéndole por tal, porque otras gentes advenedizas trujeron muchos ídolos que tuvieron por dioses, y a este fin y propósito decían que Cortés les traía otro Dios. Y ansí, decían «de manera que en este hemos de adorar y servir, porque él lo servía y adoraba en muy diferente modo y manera que nosotros servimos a nuestros dioses, pues no le sacrifican corazones de hombres humanos, ni menos con sangre viva, como nosotros lo hacemos con nuestros dioses, sino solamente con oraciones y bautismo de agua». Y [decían que] esto le habían prometido de seguir, y que ninguno se lo estorbase ni le fuese a la mano, sino que «le dejemos hacer lo que él quisiere, pues viene a ayudarnos y favorecernos, por lo cual no nos conviene que le seamos contumaces, ni rebeldes, ni traidores; haga lo que quisiere y por bien tuviere, que lo tome a su cargo, que es negocio de entre ellos; dioses son los unos y los otros, allá ellos se entenderán, cada uno volverá por sí y por lo que le tocare; mas a nosotros nos conviene su amistad para que nuestras gentes vivan seguras».

Oído negocio tan duro por los de la República, volvieron los rostros al cielo en señal de gran dolor y sentimiento, y muy llorosos, que era vellos cosa de espanto y lástima, de tal manera decían algunos a sus señores: «Decid al capitán y respondedle que ¿por qué nos quiere quitar los dioses que tenemos y que tantos tiempos ha que servimos nosotros y nuestros antepasados? Que sin quitallos ni mudallos de sus lugares sagrados pueden poner a su Dios entre los nuestros, a quien también serviremos, le adoraremos, haremos casas y templos aparte y de por sí, y será también el Dios nuestro y le guardaremos el decoro y respeto que su deidad y santidad merece, guardando sus leyes y mandamientos, como lo hemos hecho con otros dioses que nos han traído de otras partes». A las cuales palabras, torpes y sin fundamento, respondieron sus señores y caciques que ya no había remedio a cosa ninguna de las que pedían, sino que precisamente había de hacerse lo que el capitán quería y que no se tratase más de ello. Y ansí fue que luego callaron y comenzaron a ocultar y esconder secretamente muchos ídolos y estatuas, como después adelante andando el tiempo se vio y ha visto, donde secretamente muchos de ellos los servían y adoraban como de antes, aconsejándoles el demonio que no desmayasen, ni los hombres advenedizos los engañasen, lo cual les decían en sueños y otras apariencias, mayormente cuando tomaban y bebían cosas provocativas a ver visiones, que para semejantes casos las tenían y tomaban, por cuya causa muchos de ellos estuvieron endurecidos, rebeldes y obstinados para su conversión. Y ansí, agora en nuestros tiempos, que fue el año de mil quinientos setenta y seis, muchos principales viejos pidieron agua del Bautismo, porque de vergüenza y empaño no se habían querido bautizar, los cuales habían quedado en aquellos que habían sido duros y pertinaces en dejar los ídolos; y como después vieron que toda la gente de la tierra venía a la conversión, quedáronse muy engañados y después, de pura vergüenza, como eran principales, no se atrevían a venir al Santo Bautismo, [por] que aunque eran casados en haz de la Santa Madre Iglesia, tenían nombres de cristianos y confesaban y comulgaban cada un año, no osaban decir que no estaban bautizados hasta este año 1576, habiendo sido Alcaldes y Regidores en este República. Pasó esto que vimos por vista de ojos; mas fue Nuestro Señor servido de que en los últimos días de su vida conocieran su error en que habían estado y vivido, y recibieron el Santo Bautismo y acabaron católicamente dentro de pocos días este año.

Tornando a nuestro asunto y principal propósito, estas y otras muchas cosas torpes hacían y decían; y en resolución, Maxixcatzin y Xicotencatl y los demás principales caciques y señores dijeron a Cortés que no reparase en cosa alguna, sino que ejecutase su intento y que absolutamente hiciese lo que le pareciese y le estuviese bien, porque ellos estaban determinados de creer en un Dios y en Santa María, su Santísima Madre, y guardar sus mandamientos sagrados y divinos preceptos, y que, desde luego, daban por ninguna su ley de idolatría y engaño en que vivían y habían vivido, y que en esta ley nueva tan santísima, querían vivir para siempre jamás, y que, desde luego, pedían el agua del Bautismo y que querían ser bautizados, y que para que fuese notorio a todas sus gentes se pusiese luego por obra que en ello no obiese dilación, pues que el tiempo no daba lugar a ello.

Visto por Cortés cuán bien se acudía a lo que él tanto deseaba, no podía estar de gozo, dando inmensas gracias a Nuestro Señor por tan grandes y señalados beneficios y mercedes como le hacía, porque este fue el principal fundamento de su venida y el camino y principio de todo su bien, como lo fue, en esta vida y para conseguir y alcanzar la gloria y dejar en esta vida eterna inmortal fama. Con extenso, solemne y celebrado regocijo fueron luego bautizados los cuatro señores de las cuatro cabeceras por mano de Juan Díaz, presbítero que venía por Capellán de la armada. Hecha esta general y pública conversión a honra y gloria de Nuestro Señor y de su benditísima Madre, la siempre Virgen María y Señora Nuestra, se comenzaron a bautizar luego otros muchos señores y caciques de esta República. Tras lo cual, se comenzaron a derribar por los suelos los ídolos y estatuas de los falsos dioses, y, en presencia de todos, a profanallos y tenellos en poco, como se hizo. Hasta que totalmente cada día se iban y fueron asolando y se ha venido a perder el nombre de ellos, y la pésima idolatría tuvo fin, que tantos siglos de años había que duraba en estas gentes. Fueron padrinos de los cuatro señores, don Fernando Cortés, Pedro Alvarado, Andrés Tapia, Gonzalo de Sandoval y Cristóbal Olid. Tomó por nombre Xicotencatl llamarse Vicente y después se llamó don Vicente, Maxixcatzin se llamó Lorenzo, Zitlalpopocatzin y Tlehuexolotzin.

Este día de su bautismo y conversión se hicieron muchas fiestas, a modo castellano, con muchas luminarias de noche y carreras de caballos, aunque pocos cascabeles. Los naturales vieron y conocieron estas muestras de alegría y ellos, a su modo, hicieron grandes bailes y danzas, que llaman mitotes, según su antiguo uso y costumbre, con muchas comidas, dádivas y presentes de ropa y esclavos, joyas de oro y piedras de precio que dieron a los españoles aquel día. No nos pararemos a contar sus géneros y maneras de comidas, cómo y de qué manera las servían y daban, porque otros lo han escrito muy por extenso; y cierto que hay en ello mucho de contar, mas solo diré una curiosidad y cuidado que se tuvo. Al tiempo de bautizarlos se tenía esta orden: un día [en] que se bautizaban los varones se llamaban Juanes; otro en que se bautizaban las mujeres se llamaban Anas; otro día, Pedros; otro, Marías. De suerte que venía por días los nombres de los varones. Dábaseles una cedulita en que se escribían, para que no se olvidasen, los nombres de los bautizados aquel día. Ansí se usó en esta provincia de Tlaxcalla muchos años, que llevaban por memoria los hombres, porque muchos nombres se ovidaban y venían a buscarlos en el Padrón del bautismo, y, ansimismo, vi yo en otras provincias de esta tierra hacer la misma diligencia.

    Capítulo V. Que trata de las grandes crueldades que hicieron los cholultecas, y de la destrucción de Cholula
Habiendo pues acabado Cortés un negocio tan heroico y arduo de haberse convertido por su orden y mano los cuatro caciques y cabeceras de Tlaxcalla, desde allí en adelante se comenzaron a tratar los negocios tocantes a la conquista, cómo y de qué manera se podía entrar y tomar a México y ganar las demás ciudades y provincias para que, ansimismo, viniesen en conocimiento de Dios y de la verdadera lumbre de nuestra Santa Fe, y que fuesen bautizados y se diesen de paz sin derramamiento de sangre, muertes de hombres, y que cuando esto no quisiesen venir ni hacello por bien, ni serles amigos, castigallos muy de veras, vengarse de ellos y de sus injurias como se lo tenían prometido. De manera que desde allí en adelante no se trataba de otra cosa que de hacer gente contra los culhuas mexicanos, lo cual dentro de muy breve tiempo se hizo por no dar lugar a que estos se confederasen con los tlaxcaltecas. Y por evitar malos pensamientos y otras nuevas ocasiones y propósitos, procuró Cortés de no dejar de la mano a sus nuevos amigos y confederados, usando, como siempre, de sus astucias como astuto capitán [y] de la buena ocasión que presente tenía.

Hecha su gente, comenzaron a marchar y mover sus ejércitos españoles y tlaxcaltecas con mucho orden de su milicia, número y copia de gentes y bastimentos bastantes para tan grande empresa, con muy principales y famosos capitanes ejercitados en la guerra, según su uso y manera antigua. Fueron por capitanes Piltecuhtli, Acxoxecatl, Tecpanecatl, Cahuecahua, Cocomitecuhtli, Quauhtotohua, Textlipitl y otros muchos, que por ser tantos y tanta la variedad de sus nombres no se ponen, sino [solo] los más señalados, que siempre tuvieron fidelidad con Cortés hasta el cabo de su conquista.

La primera entrada que se hizo fue por la parte de Cholula, donde gobernaban y reinaban dos señores, que se llamaban Tlaquiach y Tlalchiac, que siempre los que en este mando sucedían eran llamados deste nombre, que quiere decir «El mayor de lo alto» y «El mayor de lo bajo del suelo».

Entrados pues por la provincia de Cholula, en muy breve tiempo fue destruida por muy grandes ocasiones que para ello dieron y causaron los naturales de aquella ciudad. La cual [fue] destruida y muerta en esta entrada gran muchedumbre de cholultecas. Corrió la fama por toda la tierra hasta México, donde puso horrible espanto y más el ver y entender que los tlaxcaltecas se habían confederado con los dioses, que ansí generalmente eran llamados los nuestros en toda la tierra de este Nuevo Mundo, sin podelles dar otro nombre. Tenían tanta confianza los cholultecas en su ídolo Quetzalcohuatl que entendieron que no había poder humano que los pudiese conquistar ni ofender, antes [entendían] acabar a los nuestros en breve tiempo, lo uno porque eran pocos, y lo otro porque los tlaxcaltecas los habían traído allí por engaño a que ellos los acabaran, pues confiaban tanto en su ídolo que creían que con rayo y fuego del cielo los habían de consumir y acabar y anegar con aguas.

Decíanlo ansí, y lo publicaban a grandes voces diciendo. «Dejad llegar a estos advenedizos extranjeros, veamos qué poder es el suyo, porque nuestro dios Quetzalcohuatl está aquí con nosotros, que en un improviso los ha de acabar. Dejad [que] lleguen esos miserables, veámoslos agora, gocemos de sus devaneos y engaños que traen [pues] son locos de quienes se fían aquellos sométicos mujeriles, que no son más que mujeres, cardajas, de sus hombres barbudos, que se han rendido a ellos de miedo. Dejad [que] lleguen los alquilados, que bien les han pagado la vida a los miserables. Mirad a los ruines tlaxcaltecas, cobardes, merecedores de castigo: como se ven vencidos de los mexicanos, andan a buscar gentes advenedizas para su defensa. ¿Cómo os habéis trocado en tan breve tiempo, y os habéis sometido a gente tan bárbara y advenediza, extranjera y en el mundo no conocida? Decidnos de dónde los habéis traído alquilados para vuestra venganza. [¡Oh] miserables de vosotros que habéis perdido la fama inmortal que teníais de vuestros varones ascendientes de la muy clara sangre de los antiguos teochichimecas, pobladores de estas tierras inhabitables! ¿Qué ha de ser de vosotros gente perdida? Mas aguardad, que muy presto veréis el castigo que sobre vosotros hace nuestro dios Quetzalcohuatl».

Estas y otras cosas semejantes decían, porque tenían entendido que en efecto se habían de abrasar con rayos de fuego que del cielo habían de caer sobre ellos, y que de los mismos templos de sus ídolos habían de salir y manar ríos caudalosos de agua para los anegar, ansí a los de Tlaxcalla como a los nuestros, que no poco temor y espanto causaba a los amigos tlaxcaltecas creyendo que sucediese ansí como decían los cholultecas. Decían, especialmente los pregoneros del templo de Quetzalcohuatl, todo esto, que ansí lo publicaban.

Mas, visto por nuestros tlaxcaltecas que nuestros españoles apellidaban a Santiago, y comenzaban a quemar los españoles los templos de los ídolos y a derribarlos por los suelos, profanándolos con mayor determinación, y como no vían que hacían nada, ni caían rayos, ni salían ríos de agua, entendieron la burlería y cayeron en la cuenta de cómo era todo falsedad y mentira.

Tornaron ansí cobrando tanto ánimo que, como dejamos referido, hubo en esta ciudad tan gran matanza y estrago que no se puede imaginar; de donde nuestros amigos quedaron muy enterados del valor de nuestros españoles. Y desde allí en adelante no estimaban acometer mayores cosas, todo guiado por orden divina, que era Nuestro Señor servido que esta tierra se ganase y rescatase y saliese del poder del demonio.

Antes que esta guerra se comenzara, fueron enviados mensajeros y embajadores de la ciudad de Tlaxcalla a los cholultecas, a rogarles y requerirlos por la paz, enviándoles a decir que no venían a buscar a ellos, sino a los de culhua, culhuacanenses mexicanos, que, como está dicho, este era el hombre y [el] apellido culhuaque [era] porque habían venido de las partes de Culhuacan de hacia la parte del Poniente, y mexicanos porque ansí se llamaba la ciudad de México, donde estaban poblados con supremo poder. Fueles enviado decir por los de Tlaxcalla y de parte de Cortés, que se viniesen y diesen de paz, y que no tuviesen temor que los dioses blancos y barbudos les hiciesen daño, porque era muy principal gente y muy noble, que querían su amistad, y ansí les rogaban como amigos los recibiesen de paz, pues haciéndolo ansí serían bien tratados de ellos y que no les harían ningún mal tratamiento, porque de otra manera, si los enojaban, era gente muy feroz, atrevida y valiente, que traían armas aventajadas y muy fuertes de hierro blanco, (decían esto a causa de que entre ellos no había hierro sino cobre) y que traían tiros de fuego y animales fieros, que los traían de traílla atados con condeleres de hierro, y calzaban y vestían hierro, y de cómo traían ballestas fortísimas, y leones y onzas muy bravas que se comían las gentes (lo cual decían por los perros lebreles y alanos muy bravos, que, en efecto, traían los nuestros, que fueron de mucho efecto), y que con estas cosas no se podían escapar ni tener reparo si los dioses se enojaban y no se entregaban de paz, lo cual les parecía a ellos muy bien por excusar mayores daños. Y que les aconsejaban como amigos lo hiciesen ansí.

Mas, sin hacer caso de estas cosas, no quisieron sino seguir su parecer de no darse, sino morir antes, y en lugar de este buen consejo y buena respuesta a los de Tlaxcalla, desollaron vivo la cara a Patlahuatzin, su embajador, persona de mucha estima y principal valor. Y lo mismo hicieron de sus manos, que se las desollaron hasta los codos, y cortadas las manos [por las] muñecas, que las llevaba colgando. Y le enviaron desta manera con gran crueldad, diciéndole ansí: «andad y volved y decid a los de Tlaxcalla y a estos otros andrajosos hombres, o dioses o que fuesen, que son esos que decís que vienen, que eso les damos por respuesta».

Y ansí, se vino el pobre embajador con harta lástima y dolor, el cual puso terrible espanto y pena en la República, siendo uno de los gentiles y hermosos hombres de esta Señoría, dispuesto y bien agestado. Y visto tan gran atrevimiento y vil tratamiento, de que murió Patlahuatzin en servicio de su patria y República, donde dejó eterna fama entre los suyos como lo refieren en sus enigmas y cantares, fueron indignados los tlaxcaltecas, pues recibieron por grande afrenta una cosa que jamás había pasado en el mundo [por]que los semejantes embajadores siempre eran tenidos en mucho y honrados de los reyes y señores extraños que con ellos comunicaban las paces, guerras y otros acontecimientos que entre las provincias y reinos suelen suceder.

Y ansí, con esta indignación dijeron a Cortés: «Señor muy valeroso, en venganza de tan gran desvergüenza, maldad y atrevimiento, queremos ir contigo a asolar y destruir aquella nación y su provincia, y que no quede con vida gente tan perniciosa, obstinada y endurecida en su maldad y tiranía, que aunque no fuera por otra cosa más de por ésta, merecen castigo eterno, pues que en lugar de darnos gracias por nuestro buen comedimiento, nos han querido menospreciar y tener en tan poco amor de ti».

El valeroso Cortés les respondió con rostro severo, diciéndoles: «que no tuviesen pena, que él les prometía la venganza dello», como, en efecto, lo hizo ansí. Por esto como por otras traiciones, se puso en ejecución dalles guerra muy cruel, donde murieron grande muchedumbre dellos como se verá por la crónica que de la conquista de esta tierra está hecha.

Decían los cholultecas que los habían de anegar en virtud de su ídolo Quetzalcohuatl, que era el ídolo mas frecuentado de todos los que se tenían en esta tierra, y ansí el templo de Cholula lo tenía por relicario de los dioses. Y decían que cuando se descostraba alguna costra de lo encalado en tiempo de su gentilidad [que] por allí manaba agua. Y porque no se anegasen mataban niños de dos o tres años, y de la sangre de éstos mezclada con la cal, hacían a manera de zulaque y tapaban con ella los manantiales y fuentes que ansí manaban. Y ateniéndose a esto, decían los cholultecas que cuando algún trabajo les sucediese en la guerra de los dioses blancos y tlaxcaltecas, descostrarían y depostillarían todo lo encalado, por donde manarían fuentes de agua con que los anegasen. Lo cual hicieron, pusieron por obra, cuando se vieron en tan grande aprieto como en el que se vieron. Lo cual, aunque lo hicieron, no les aprovechó cosa alguna de que quedaron muy burlados, y, como hombres desesperados, los más dellos que murieron en aquella guerra de Cholula se despeñaban ellos propios y se echaban a despeñar de cabeza arrojándose del cu de Quetzalcohuatl abajo, porque ansí lo tenían por costumbre muy antigua desde su origen y principio, por ser rebeldes y contumaces como gente indómita y dura de cerviz, y que tenían por blasón de morir muerte contraria de las otras naciones, y morir de cabeza. Finalmente, los más dellos en esta guerra morían desesperados, matándose ellos propios.

Acabada la guerra de Cholula, entendieron y conocieron los cholultecas que era de más virtud el Dios de los hombres blancos y sus hijos más poderosos. Los tlaxcaltecas, nuestros amigos viéndose en el mayor aprieto de la guerra y matanza llamaban y apellidaban al Apóstol Santiago, diciendo a grandes voces ¡Santiago!; y de allí les quedó que hoy en día hallándose en algún trabajo, los de Tlaxcalla llaman al Señor Santiago.

Usaron los de Tlaxcalla de un aviso muy bueno que les hizo Cortés para que fueran conocidos y no morir entre los enemigos por yerro, porque sus armas y divisas eran casi de una manera y había en ellas poca diferencia, que como era tan gran multitud de gentes la una y la otra, ansí fue menester, porque si esto no fuera, en tal aprieto se mataran unos a otros sin conocerse. Y ansi, se pusieron en las cabezas unas guirnaldas de esparto, a manera de torzales, y con esto eran conocidos los de nuestra parcialidad, que no fue pequeño aviso. Destruida Cholula, en esta primera entrada que se hizo, y muerta tanta muchedumbre de gente, pasaron luego nuestros ejércitos adelante, poniendo grande temor y espanto por donde quiera que pasaban, hasta que la nueva de tal destrucción llegó a toda la tierra y las gentes, admiradas de oír cosas tan nuevas y de cómo los cholultecas eran vencidos y perdidos, los más dellos muertos y destruidos en tan breve tiempo, y de cómo su ídolo Quetzalcohuatl no les había ayudado en cosa alguna, hicieron grandes conjeturas todas estas gentes como grandes sacrificios y ofrendas, porque no sucediese lo mismo a todos los demás, con grandes llantos y lloros, que era lástima vellos metidos en un juicio tan profundo como éste. Aunque todas estas cosas les aprovechaban muy poco, no por eso dejó de causar grandísimo temor a toda la tierra, cuyo vencimiento rebajó los bríos de todos los comarcanos, sin entender por dónde viniese tan gran castigo de los dioses. Y ansí, desde aquí en adelante vivían con cuidado, esperando el fin que había de tener la venida de estas nuevas gentes, y escondían sus hijos y mujeres y haciendas en lo más espeso y oculto de la sierra.

Capítulo VI. Que trata de los sucesos que acaecieron a los nuestros desde que entraron en México hasta que, rotos y desbaratados, volvieron a Tlaxcalla

Como nuestros españoles y los de Tlaxcalla obieron conseguido tan gran victoria y tomando Cholula, quedando [ésta en pie] por misericordia, prosiguieron su viaje a México, a donde en breves días llegaron, y el capitán Cortes fue muy bien recibido de partes del gran señor y rey Moctheuzomatzin y de todos los señores mexicanos.

Y dejando el suceso de esta tan famosa historia a los que de ellas escriben y han escrito, prosiguiendo lo que vamos tratando, digo que estando en la ciudad de México Cortés en el mayor triunfo que capitán ni príncipe del mundo pueden tener ni estar como estaba, y en la mayor cumbre que su fortuna le pudo sublimar ni pudo ponerle, vino una súbita y repentina nueva que fue de la venida y llegada de Pánfilo de Narvaez, que contra él venía y enviaba Diego Velázquez, gobernador que en aquellos tiempos era de la isla de Cuba, que le fue necesario dejar aquella alteza en que estaba e ir en persona al reparo de un gran daño y estorbo como éste para lo que llevaba comenzado y tenía entre manos, que tales son las cosas inestables de este mundo, que sin pensar viene un contrario y un desabrimiento en los mayores contentos y placeres de esta vida. Y ansí, se fue luego y salió de México para

Cempohuallan, sin perder punto de lo que tanto le importaba. Y por no dejar de la mano una de las mayores empresas y más heroicas que en el mundo jamás hombre humano había ganado, dejando en México a Pedro de Alvarado, se despidió de Moctheuzoma y de los demás caciques y señores mexicanos so color de que iba a castigar ciertas gentes robadoras y corsarias que habían llegado nuevamente a hacelles mal y a toda la tierra, y que iba a poner remedio en ello.

Con este designio partió de México el animoso capitán y se vino por Tlaxcalla, donde fue muy bien recibido, y dando cuenta a sus leales amigos del negocio a que iba, le dieron copia de gente que le acompañó y fuese sirviendo. Y caminando por sus jornadas por tierra de paz y de sus amigos, llegó en breves días a Cempoala; donde con su buena industria y mañas prendió a Pánfilo de Narvaez y le quebró un ojo. Hecha esta prisión, atrajo a sí toda la gente de su compañía con dádivas y regalos que hizo, dio y prometió lo cual le aprovechó mucho, pues con esta gente hizo toda la conquista de esta tierra. Y dejando puesto orden en Cempoala con todo el recato y cuidado de gente de confianza, con la mayor prudencia y brevedad que pudo se volvió a México, que ansí convenía, porque tuvo nueva de que se habían revelado los mexicanos contra los españoles.

Llegado que fue y entrado en México, halló a los suyos cercados y encerrados en las casas de Moctheuzoma y puestos en muy grande aprieto. Y como fuese llegado, rogó a los caciques mexicanos, con grandes ruegos y amonestaciones, que aplacasen su enojo, y que él era venido a socorrellos y castigar a sus soldados aquellos que los habían enojado, porque su voluntad era tenellos por amigos y que los suyos, como hombres nuevos y de poca experiencia, habían errado y él, como lo verían, los castigaría. Mas que nunca les aprovechó cosa de lo que les dijo hasta que el propio Moctheuzoma se subió en persona a un terrado un día desde donde les mandó que aplacasen su ira, que no se pusiesen en aquello, ni se quisiesen tomar con las gentes nuevas; que los dejasen, que ellos se querían ir, volver a sus tierras.

Y tampoco bastó esto, antes como gente obstinada en su desvergüenza, se amotinaron contra su rey, llamándole de bujarrón y de poco ánimo, cobarde, con otras palabras deshonestas, vituperándole con deshonestidad. Y teniéndole en poco, le comenzaron a tirar con tiros de varas tostadas y flechas y hondas, que era la más fuerte arma de pelea que los mexicanos tenían. De suerte que le tiraron una pedrada con una honda y le dieron en la cabeza, de que vino a morir el desdichado rey, habiendo gobernado este Nuevo Mundo con la mayor prudencia y gobierno que se puede imaginar, siendo el más temido, reverenciado y adorado señor que el mundo ha habido y en su linaje, como es cosa pública y notoria en toda la máquina deste Nuevo Mundo, donde con la muerte de tan gran señor se acabaron los reyes culhuaquesmexicanos y todo su poder y mando, estando en la mayor felicidad de su monarquía. Y ansí, no hay que fiar en las cosas de esta vida sino en solo Dios.

Muchos de los conquistadores que yo conocí afirman que estando en el artículo de la muerte pidió agua del bautismo y que fue bautizado y murió cristiano, aunque en esto hay grandes dudas y diferentes pareceres. Mas, como digo, de personas fidedignas, conquistadores de los primeros desta tierra, de quien fuimos informados, supimos que murió bautizado y cristiano, y que fueron sus padrinos del bautismo Fernando Cortés y don Pedro de Alvarado. Este nombre de Moctheuzomatzin quiere tanto decir como «Señor regalado», tomándolo literalmente; mas en el sentido moral quiere decir «Señor sobre todos los señores» y «El mayor de todos», y «Señor muy severo y grave y hombre de coraje y sañudo, que se enoja súbitamente con liviana ocasión».

Muerto el desdichado rey, en quien tenían los nuestros puesta toda su esperanza, se procuró dar orden de salida de aquel cerco tan trabajoso, porque los bastimentos se les iban acabando y faltando, y las aguas que bebían eran de pozos salobres y hediondas, que les hacían mucho daño, y que los propios cercados habían abierto para beber. Vista su perdición y precisa necesidad tan irremediable, acordaron de salir de allí antes que pereciesen tantas gentes como allí estaban oprimidas y cercadas.

Ordenadas sus haces y escuadrones, salieron una noche. Cuando todo estaba en silencio y sosegado, y las velas durmiendo en profundo sueño, comenzaron a marchar con el mayor secreto del mundo, porque no fuesen sentidos. Fueron saliendo por la calle de Tacuba con la mejor ordenanza que pudieron, sin que fuesen sentidos. Mas al cabo lo fueron de una vieja vendedora, que estaba en aquella hora vendiendo para los caminantes y forasteros cosas de comida, que era a manera de bodegón, en el barrio de Ayotzapagres, donde están fundadas las casas que hizo Juan Cano y enfrente de las casas que labró Ortuño de Ibarra, que después fue yerno de Moctheuzomatzin, cuyas casas son hoy de Hernando de Rivadeneyra, que dejó Juan de Espinosa Salado. La cual dicha vieja, que debío de ser el demonio, comenzó a dar muy grandes voces diciendo: «¡Ea mexicanos! ¿Qué hacéis? ¿Cómo dormís tanto que se os van los dioses que tenéis encerrados? ¿Qué hacéis hombres descuidados? Mirad no se os vayan. Tomad por vosotros. Matadlos y acabadlos porque no se rehagan y vuelvan sobre vuestra ciudad con mano armada!»... Y como todo estuviese en arma, acudieron a las voces y gritos de la vieja, y salieron los mexicanos con tan gran alboroto, ira y furia, y en tan breve espacio, que parecía que el mundo se acababa. Y en un momento se hincharon las plazas y calles y azoteas de tantas gentes que no cabían unos y otros, y vello era la cosa más horrible y espantosa que se vio jamás. La vocería que a esta hora había en la ciudad de México no se puede con palabras ni por pluma encarecer, porque con la multitud de gentes, de noche y oscuras, se mataban unos a otros sin podello evitar. Y comenzaron a arremeter y dar en los nuestros tan cruelmente y con tan gran ira, ímpetu y coraje y furia que no parecían sino leones fieros y encarnizados y hambrientos, y los nuestros en defenderse, a este tiempo, haciendo lo propio en este tan gran asalto y reencuentro, que fue una de las más sangrientas peleas y batallas que jamás en el mundo se han visto, porque como fuese de noche y entre acequias, lagunas, ciénegas y pantanos, y puentes quebradas, fue un combate y rompimiento el más inevitable, que jamás ha pasado ni se ha oído, por ser los nuestros tan pocos y la gente contraria tan innumerable que no se puede imaginar. Los nuestros, por salir de tan gran aprieto y peligro, procuraron de animarse y sacar fuerzas de flaqueza, y salir defendiéndose de sus enemigos lo mejor que pudieran, cuya salida no pudo ser sin gran daño y pérdida de los nuestros, porque en la refriega murieron más de cuatrocientos y cincuenta españoles y sinnúmero de los amigos de Tlaxcalla, aunque se dice que fueron cuatro mil amigos. Mas no que a menos costa y riesgo de los mexicanos, porque experimentaron bien las manos y ánimo de los españoles, pues las acequias, calles y paso de donde habían quebrado las fuentes, quedaron llenos de cuerpos muertos, y las ciénegas y lagunas teñidas y vueltas en pura sangre.

En esta rota y desbarato de los nuestros, siempre iban prosiguiendo su viaje. Llegaron al paso donde hizo Alvarado aquel heroico y temerario hecho del salto que dio, que por ser tan grande e increíble lo pongo aquí. Ya el Sol iba alto a estas horas, y los amigos, vista tan gran hazaña, quedaron maravillados y al instante que esto vieron se arrojaron por el suelo postrados por tierra, y en señal de hecho tan heroico, espantable y raro, que ellos no habían visto hacer a ningún hombre ansí, adoraron al Sol comiendo puñados de tierra y arrancado yerbas del campo, dijeron a grandes voces: «Verdaderamente que este hombre es hijo del Sol». Esta ceremonia de comer tierra a puñados y arrancar yerbas era una superstición muy usada entre los naturales cuando les sucedía algún caso que fuese de admiración, o cuando pedían a sus dioses con eficacia y demanda muy encarecida.

Ansí, en este caso se postraron por el suelo y mordieron la tierra tomándola a puñadas, echándosela a la boca, arrancaron yerbas del campo ofreciéndolas a sus ídolos, alzando los ojos al cielo y diciendo de esta manera: «¡Oh! dioses muy altos y poderosos, poseedores de los altos Nueve Cielos, hasta el más alto y supremo dellos, donde asiste aquel que es sobre todos vosotros demas dioses (que le llamaban Tloque Nauhuaque, que quiere tanto decir como si dijésemos «Aquel que todos le acompañan y es acompañado de todos los otros dioses.»), a vosotros nos encomendamos para que seáis en nuestro socorro y ayuda y no nos desamparéis en nuestros trabajos, peligros y aprietos, pues tenéis poder y superioridad sobre todos los hombres. También invocamos a vos, muy claro y resplandeciente Sol Nauhollin (que quiere decir «Cuarto nombre»), y a vos, Luna, mujer hermosa y resplandeciente del claro Sol, y a vosotras, estrellas del cielo, y a los aires del día y de la noche, para que con vuestra ayuda salgamos de los grandes peligros y de este aprieto y guerra en que nos vemos, que tan injustamente se nos ha movido».

Sacamos esta oración a luz, por ciertas averiguaciones que hicimos en la ciudad de Tlaxcalla en una probanza que los herederos de don Pedro de Alvarado hicieron por los méritos de su padre, de muy famosos capitanes que se hallaron presentes en todo el discurso de la guerra. Entre los cuales fue uno que se llamó don Antonio Calmecahua, capitán muy famoso de Maxixcatzin, el cual se halló con Cortés en todas las ocasiones que se le ofrecieron, que hoy en día vive, según se afirma, es de edad de ciento treinta años y tiene todavía gran sujeto y razón de hombre, que de todo cuanto se le pregunta da muy buena razón y cuenta y, aunque está sordo, cuenta grandes excelencias y cosas de la venida de Cortés y demás capitanes, y de sus notables hechos. Tiénese por dichoso en haber sido bautizado y ser cristiano; llora el tiempo que fue idólatra con arrepentimiento del engaño en que vivía y vivieron sus antepasados. Lo mismo se cuenta de otro capitán muy señalado, Antonio Temazahuitzin, natural desta provincia, del pueblo de Hueyotlipan, al cual se atribuye haber librado a Cortés de un muy gran peligro en que se vio, llevándolo asido y preso los mexicanos para sacrificarlo a sus dioses. Pues andando en la pelea, cayó en una ciénega o pantano y estando encenegado le prendieron, llevándole asido para sacrificarle a sus ídolos. (También se dice que él estaba asogando ende agua una india vieja mexicana) hasta que llegó esta gente y Cristóbal de Quiñones, a quien se atribuye haberle librado deste peligro, hasta que, ansimismo llegó Cristóbal de Olea y lo mataron los indios. Llegó este capitán Temoxahuitzin con su escuadrón y le quitó y sacó de la ciénaga, que fue [en] la última guerra de México, junto a la acequia que llamaban los naturales de Tultecapan. Y ansí, con esta ayuda y socorro de este leal capitán, hubo lugar de que llegase Francisco de Olea, su criado, a defendelle, y dicen que cortó las manos a los que lo llevaban asido, de una cuchillada. En esto, llegó otro español, llamado Antonio de Quiñones, y asió del brazo a Cortés y le sacó por fuerza de entre los enemigos, peleando con ellos. A este tiempo llegó uno de a caballo haciendo calle y lugar por entre la gente, al cual también mataron los indios. Entonces Cortés subió en un caballo que le trujeron, y recogiendo la gente de sus españoles, salió de aquel mal paso y gran peligro.

Gran suma de riqueza de oro y pedrería fue la que en aquella salida se perdió, la cual fue del tesoro de Moctheuzomatzin, que, como fuese muerto, mandó Cortés que la mayor parte se fundiese, porque en piezas y joyas de oro labrado hacía mucho volúmen, lo que no hacía derritiéndole y hecho en barras y ladrillos. Y ansí, se puso por obra; de modo que lo que estaba en joyas, brazaletes, patenas, bezotes y orejeras, todo se hizo fundir, sin lo que estaba en tejos y barras que era gran suma. Y al tiempo de la salida de las casas de Moctheuzoma se encargó de la mayor parte de esta riqueza a los amigos de Tlaxcalla, aunque, como está referido, se perdió, y se lograron mal. Todas estas razones son del capitán don Antonio Calmecahua, que fue uno de los que salieron en guarda del tesoro mexicano de Moctheuzoma, muriendo sobre ello y en defensa de él la mayor parte de nuestros españoles, como murieron.

Y tornando al discurso de lo que ibamos tratando, ansí como hubo pasado don Pedro de Alvarado la puente, llevando lo mejor que pudo la retaguardia herida y sangrienta, y desventurada, él y su gente y los de Tlaxcalla fueron en seguimiento del general que iba caminando al pueblo de Tlacupa y a Teocalhincan y Tzacuhyocan, donde agora está la ermita de Nuestra Señora de los Remedios, sin poderse defender de los enemigos, continuando su viaje, marchando y peleando con gran ánimo, defendiéndose dellos hasta llegar al lugar referido, que desde aquel día quedó aquella memoria y advocación de Nuestra Señora de los Remedios, que dura hasta el día de hoy, la cual es frecuentada de muchas gentes con mucha devoción.

Llegados aquí los nuestros, tuvieron algún descanso por verse ya fuera de las lagunas y ciénagas, y de otros peligros de México; habiéndolos por aquí guiado y encaminado los de Tlaxcalla, rodeando todos los cerros y lagunas que caen fuera de la laguna mexicana, yendo hacia la parte del Norte en cuanto al sitio de México, a diez y nueve leguas de distancia de México, continuando su viaje para la provincia de Tlaxcalla, que ya era tenida como su patria, morada, y amparo y defensa del pequeño número de cristianos que habían quedado.

Llegados que fueron a los campos y llanos de Otompan, que por otro nombre llaman los Llanos de Aztaquemecan, en la cual parte salieron de refresco innumerables escuadrones de gente de guerra en gran ordenanza, de gente muy lucida y principal de la provincia de Tetzcuco, llamado aculhuaques del reino de Aculhuacan de Netzahualpitzintli, famosísimo varón, origen y principio de los reyes de Tetzcuco aculhuacanense, según más largamente lo dejamos declarado a los principios de nuestra historia. Cuya gente puso en muy grande aprieto a los nuestros, porque como venían cansados, mal heridos, destrozados y salían tantas gentes a ellos, les fue necesario llamar y recoger y hacer junta y tomar consejo de guerra. Se resolvieron que con mucha orden fuesen marchando, sin que ninguno saliese fuera de su orden hasta que el tiempo les diese a entender lo que se debía hacer, y que no acometiese nadie ni se desordenase por ninguna ocasión que obiese, ni por otra cualquier vía ni manera que fuese, a causa de que su designio era conservarse hasta rehacerse y llegar a Tlaxcalla, si pudiese ser, sin ningún reencuentro por no perder más gente de la perdida.

Finalmente, sin reparo ninguno, les fue necesario y forzoso romper esta guerra y entrar por los ejércitos de los aculhuaques, y pelear tan denodadamente como si no hubieran pasado por ningún trance ni peligro de fortuna. De manera que se trabó la guerra tan cruelmente y tan deveras que, a poco rato, se hincharon los campos de cuerpos muertos y de sangre, que parecía ser cosa increíble, donde los nuestros conocidamente entendieron ser por milagro de Dios esta victoria, pues conocidamente de nuestra parte se iba todo aflojando y perdiendo tierra por muchas veces, a la vez que, a cada momento, venían gentes y escuadrones de refresco al socorro de los aculhuacanenses, que no con poca dificultad los nuestros les resistían, y con menos esperanza de salir de entre tantos y tan crueles enemigos; porfiados y prolijos en su dura obstinación y crueldad.

Viéndose nuestro capitán Hernando Cortés en tanto aprieto y peligro de perderse él y su gente, y el notable desmayo de los nuestros, determinó entrar rompiendo, como entró por medio de un escuadrón con una lanza en la mano, alzando e hiriendo a una y otra parte a enemigos, matando y atropellando cuanto por delante hallaba, poniendo increíble espanto a sus contrarios. Y de tal manera se dio tan buena maña, ayudado de Dios Nuestro Señor y de su Santísima Madre, que llegó a lanzar al general de todo el campo [por] que rompiendo por todos los escuadrones, como está referido, lo atropelló con el caballo, dándole de lanzadas, le mató y quitó la divisa que traía, la cual los naturales llamaban Tlahuizuntlazopilli, que era de oro y de muy rica plumería. La cual presa mandó guardar y tener por una de las más estimadas empresas que había ganado, la cual dio después y presentó a Maxixcatzin, su amigo, señor de Tlaxcalla, de la cabecera de Ocotelulco, porque como cosa que había ganado por su lanza, le servía con ella.

Luego que este capitán faltó, llamado maxatlopille por la divisa que traía, cuyo propio nombre era Cihuacatzin, capitán de Teotihuacan, de un barrio que estaba bajo de Teacalco junto a Aztaquemecan. Ansímismo, alanceó Hernando Cortés en esta batalla aquel día a otro señor llamado Tochtlahuatzal, aunque no murió y vivió mucho tiempo. En estos reencuentros se halló aquella señora llamada María de Estrada, donde peleó con lanza a caballo, como si fuera uno de los más valerosos hombres del mundo, como atrás queda referido.

Quieren decir los otompanecas y dar por descargo que esta gente de guerra que salió al encuentro de los españoles no fue de intento pensado, ni de refresco a matallos, sino que acaso se celebraban unas fiestas anuales, que tenían de costumbre los indios, y que estando en ellas con gran número de gentes haciendo reseña de guerra y alarde, que acaso se hallaron en esta ocasión y que salieron al paso por ver si podían acabar con los españoles, que venían desbaratados y heridos de México, y lo pusieron ansí por obra, sin ser para ello avisados de los mexicanos. Lo cual tengo por falso descargo.

Finalmente, se desbarató el campo enemigo, desmayaron sus gentes, de suerte que en poco rato no quedó ninguno que les impidiera su camino, quedando los nuestros vencedores. Prosiguieron su camino, aunque algunos capitanes de los vencidos siempre salían a estorbar el pasaje, continuando su pelea con rabia cruel de tan gran pérdida de sus gentes, aunque no con tanta prisa que fuese parte para que pudiese impedirles el camino que llevaban... En este lugar vieron los naturales visiblemente pelear uno de un caballo blanco, no le habiendo en la compañía. El cual les hacía tanta ofensa que no podían en ninguna manera defenderse del ni aguardalle. Y ansí, en memoria de este milagro, pusieron en la parte que esto pasó una ermita del Apóstol Santiago, que es un pueblo pequeño que está en aquella comarca de Otompan, que los naturales le llaman Tenexalco.

Afirmaron muchos conquistadores que el caballo en que salió Hernando Cortés a este reencuentro era un rocín de arria muy bronco, que no servía más que para llevar el fardaje; y como se vio sin caballo que fuese de provecho, hizo ensillar este arriero, en el cual fue Dios Nuestro Señor servido que hiciera tantas hazañas, que parece cosa increíble cómo después salió tal y tan bueno. Por este caballo se le atribuyó toda la victoria, pues estando flaco y cansado, como lo estaba, a coces, tocados y manotadas hacía tanto daño a los contrarios que no osaban acercarse a él. De este caballo arriero se sirvió en la conquista de México y en la última guerra que se dio se lo mataron, cuando Olea le dio el suyo, como atrás dejamos tratado.

Pasados deste trance prolijo y peligroso y [de] otros grandes acaecimientos de fortuna, se fueron los nuestros por los llanos de Apam, Temalacatillan y Almoloyan, siempre peleando y resistiendo a los enemigos que a cada paso, en cada lugar y pueblo de los aculhuacanenses salían de refresco a combatirse con los nuestros, hasta que llegaron a Hueyotlipan, lugar sujeto a Tlaxcalla, a donde los nuestros fueron acogidos y recibidos con mucho aplauso y regalo, como si fuera dentro de su patria y tierra natural, donde se les dio todo lo necesario.

Capítulo VII. Que trata del recibimiento que tuvo Hernando Cortés en Tlaxcalla, y de cómo se decidió dar cruda guerra a los mexicanos

Sabida la nueva pérdida y desbarato, llegaron en su socorro y defensa gran número de la ciudad de Tlaxcalla, enviado por los cuatro señores, principalmente por Maxixcatzin, a quien se debe todo este bien, y fue el que más sintió el mal tratamiento de sus amigos, y de su gran pérdida y muerte de

Moctheuzomatzin, e hizo salir más de doscientos mil hombres, que salieron a socorrer al capitán Cortés a Hueyotlipan. Aunque no llegaron a tiempo, fue esta gente de mucho efecto para correr el campo en seguimiento de los contrarios hasta echallos de sus tierras y lugar a sus límites, que fue una reseña muy útil y provechosa, con lo que los aculhuacanenses y mexicanos fueron admirados de ver que en tan breve espacio de tiempo se hubiese juntado tan gran poder de gente en socorro de aquella [gente] advenediza y extranjera, y aun tratándose entre sí y echando juicios acerca de cual fuese la causa de tan gran amistad y tan coligada con gente tan extraña. La cual nueva y rota corrió por todo el reino de los mexicanos y les hizo no estar seguros de la venganza que después se tomó de ellos por su desvergüenza y atrevimiento.

Como los nuestros se viesen libres y descansados algunos días, a persuasión y ruegos de Maxixcatzin, salieron de Hueyotlipan para Tlaxcalla, que estaba a cuatro leguas deste lugar. Y [a] los heridos que no podían ir a caballo ni a pie los llevaban en hombros y hamacas, con mucho amor y regalo. Y ansí como venían de camino y entrando por la ciudad, salían las gentes a vellos y, como estaban tan maltratados, les tenían gran lástima. Las mujeres, subidas en sus casas y terrados, les decían a grandes voces, llorando: «¿Quién os engañó para que fuerais a México, desdichados de vosotros, a meteros entre tantos malvados y crueles traidores? ¡Pobres de vosotros que ansí os han pasado y maltratado! Seáis muy bien venidos a vuestras casas y tierras. No tengáis pena, reposad y descansad, no tengáis miedo de tan mala gente traidora». Con estas y otras caricias de amor y ternura los acariciaban con palabras tiernas y amorosas, los recibían y decían para darles mayor consuelo. Prosiguiendo su camino, llegaron a los palacios y casas de Maxixcatzin en el barrio y cabecera de Ocotelulco, donde fueron aposentados y recibidos con gran aplauso. Y aquí estuvieron algunos días hasta que Nuestro Señor fue servido de que sanasen los enfermos y se reformasen.

En este tiempo vinieron embajadores mexicanos de parte de aquella República, con muy grandes partidos y promesas a los cuatro señores de Tlaxcalla, como atrás dejamos referido, proponiéndoles que fuesen contra los españoles y los matasen y no tomasen su amistad. En lo cual quiso venir y condescender un cacique llamado Axayacatzin Xicotencatl, hijo mayor de Xicotencatl «el viejo», a quien había dado el gobierno de su cabecera su padre, señalándole por su capitán general. Este, pues, venía en consentimiento de que los nuestros muriesen y los acabasen de matar. Y siendo de contrario parecer Maxixcatzin, recibió grande enojo y ansí con grande ira y alteración lo maltrató de palabra, diciéndole palabras de grande injuria, llamándole cobarde, mujer y afeminado, imputándolo de traidor, alevoso, y le dio de rempujones, echándolo por unas gradas abajo. Cuyo atrevimiento tuvieron en mucha estima haberlo hecho ansí Maxixcatzin, respecto a que otros mozos locos no se atreviesen a seguir la opinión y parcialidad de dicho Xicotencatl Axayacatzin, el cual era tenido por hombre alocado, de poco consejo y muy mudable en sus pareceres, alterado y sedicioso en la República.

Habiendo pasado esto y viendo el rigor del tiempo y la guerra trabada con los mexicanos, conociéndolos por hombres falsos y de poca fidelidad, no se les admitió su demanda ni crédito de lo que pedían. Antes la mayor parte de la gente y estado de la República siguió la opinión de Maxixcatzin. Este Axayacatzin Xicotencatl murió ajusticiado, pues lo mandó ahorcar Cortés por consentimiento de la República de Tlaxcalla, estando en Tetzcuco sobre la guerra de México, por ocasión de haberse tornado de la guerra, como atrás dejamos recontado.

Habiendo, pues, pasado Cortés por tan rigurosos trances y vaivenes de fortuna y deseando dar fin a su negocio comenzado y acabar la demanda, o ser señor de todo este Nuevo Mundo, estando un día muy cuidadoso, llamó a sus amigos los cuatro señores de las cuatro cabeceras parcialidades de Tlaxcalla y proponiéndoles el caso, diciendo cómo quería dar orden de ir a conquistar la ciudad de México, destruilla y tomalla a fuego y sangre, porque estaba enojado con todo aquel reino de Culhua, y que para hacer esto quería su ayuda y favor por tomar cruel venganza de gente tan falsa y traidora y que para emprender y acabar tan grande empresa tenía necesidad de enviar por gente de los suyos que tenía en Cempohuallan, que era la más fuerte y belicosa que traía, porque la había dejado allá para su retaguardia, que era gente muy valiente y esforzada y que con aquella gente que viniese reformaría su campo e iría contra los mexicanos de Tenuchtitlan (que quiere decir «Lugar o Barrio de la tuna de piedra», cuya derivación quieren interpretar por muchas vías y maneras, que se tomó por haber nacido en una peña un tunal, sin haber género de tierra, sino solo sobre la piedra, y por haber sido cosa sobrenatural llamaron a esta ciudad de este nombre de la tuna, que llamaron Tenuchtitlan a la ciudad de México. Otros dicen que encima del Cu grande de la dicha ciudad, que era el templo mayor de los ídolos de aquella ciudad, nació este tunal sobre una gran peña o peñasco duro, sin tener ningún jugo de tierra, el cual produjo la fruta llamada nochtli, que los españoles llamaron «tunas», porque ansí las llaman los naturales de Cuba y Santo Domingo. Y ansí, por ser caso inaudito nacer una planta sobre un peñasco seco y sin humedad y sin tierra, los naturales de esta tierra lo tuvieron por caso de admiración, y por esta causa, desde que sucedió, de allí en adelante llamaron a la ciudad de México de este nombre, y por más excelencia México Tenuchtitlan. Y ansí, tuvieron este caso por pronóstico de que la población de México había de ser eterna y permanente, pues [si] los frutales se arraigaban en peñascos secos y duros, que con más razón los hombres habían de arraigarse y permanecer allí para siempre. Otros quieren decir que México se llamaba Quauhnochtitlan, que quiere decir «El tunal del águila», «la tuna de la águila», porque antiguamente venía a posar encima deste tunal una águila para desde allí abatir a las aves que tenían los señores de México, que por grandeza tenían una casa de aves de todas raleas. Que con la gran antigüedad se había perdido el nombre de Quauhnochtitlan y se llamó Tenuchtitlan, y que, corrompiéndose el vocablo antiguo, se vino a llamar Tenochtitlan. Otros quieren decir que se llamó Tenuchtitlan, porque el tunal que nació en él cuando apareció, que no fue árbol de las tunas buenas comestibles, sino que era de las salvainas, que llaman los naturales tenuchtli, que por su dureza las llaman ansí, que son muy empedernidas y disgustosas; [y] que por estas tunas que llaman tenochtli, se llama México Tenochtitlan, que quiere decir «El lugar de las tunas duras y empedernidas». Otros quieren decir y afirmar que fue un cardo del árbol que llaman de la pitahoria que, ansimismo, es nombre de las islas de Cuba y Santo Domingo, que los naturales de esta tierra llaman tenochtli o sea «Tuna de Dios». Finalmente, que este renombre que dieron a la ciudad de México de Tenochtitlan, lo tomó por haber nacido de aquel lugar del templo, sobre aquella peña o peñasco, donde solían hacer sus sacrificios idolátricos los naturales de aquella ciudad, y ansí, como atrás dejamos referido, se llamó la Ciudad de México por el dios Mexi).

Tornando a nuestro principal propósito, pasando adelante Hernando Cortés con su razonamiento, y de cómo quería ir a tornar sobre los mexicanos y destruirlos, y que para traer las municiones, tiros, pólvora y otros pertrechos de guerra e hierro para hacer clavazón, tenía necesidad de su ayuda y que le acudiesen con gente para traer estas cosas de Cempohuallan y del puerto, porque estaba muy sentido y enojado de los culhuas mexicanos por su gran desvergüenza y traición y gran atrevimiento, y que convenía mucho que tan gran maldad no quedase sin castigo, porque estando confiados y debajo de seguro dellos y descuidados desto, entendiendo que los tenían por amigos, les fueron traidores y mortales enemigos, y que para en pago de su maldad y traición, los quería castigar muy cruelmente y hacelles guerra como a sus enemigos capitales, como lo verían adelante en seguimiento de esta causa [y finalizó diciendo]: «ansí que, muy leales y fieles amigos míos, os ruego que me ayudéis en todo lo que se me ofreciere, y más en tan justa ocasión como esta, pues es vuestra propia causa y particular interés vuestro, porque yo de mi parte no os he de faltar».

Acabada esta plática y razonamiento, Hernando Cortés, afirmativamente, prometió a los tlaxcaltecas que si Dios Nuestro Señor le daba victoria, tenían parte de todo lo que conquistase, ansí de despojos de oro y riquezas de todas las provincias y reinos que se ganasen y conquistasen, particularmente la ciudad de Cholula y provincia de Huexotzinco y Tepeyacac.

Y ansí fue como, fidelísimos y leales, le ayudaron a ganar y conquistar toda la máquina de este Nuevo Mundo con gran amor y voluntad. En todas las cosas que se ofrecieron, siempre los halló muy de su parte y a su lado con determinación de seguirle hasta morir o vencer contra sus propios naturales, aunándose a los nuestros españoles, gentes extrañas de su natural y nación. La cual causa se atribuye ser más obra de Dios Nuestro Señor que de hombres mortales.

Díjoles también que tenía guardada esta gente tan incógnita y apartada para ensalzamiento de su Santa Fe Católica. Y acabada su plática como tenemos referido, Hernando Cortés, le respondieron los cuatro señores, cabeceras de las cuatro parcialidades de la ciudad de Tlaxcalla. Ante todas cosas concedieron todo lo que les pidió, confirmando y ratificando su leal amistad, sin haber en contrario otra cosa.

Y ansí, dándole todo lo necesario como les fue pedido, salieron número de gentes para Cempohuallan con capitanes prácticos de aquella tierra y conocidos y ejercitados en guerras, para que con más recaudo se trajesen las municiones y cosas necesarias para la guerra de México. Y ansí les fue encargado y entregado. Todo lo cual trujeron con gran recaudo, haciendo en esto uno de los más loables servicios que los tlaxcaltecas hicieron a la Real Corona de Castilla y a Hernando Cortés en su nombre.

Hecha y acabada esta jornada con tanta voluntad y brevedad, y puesto en razón y acabados todos los negocios, Cortés hizo llamar a consulta de guerra sobre lo que se ordenaría y qué designio se tomaría para ganar a México. A la cual fueron llamados los cuatro señores de las cuatro cabeceras, Maxixcatzin, Xicotencatl, Citlalpopocatzin, Tlehuexolotzin y otros muchos caciques y señores principales y capitanes afamados de la República. Y habiéndoles dado cuenta de la determinación que tenía Cortés de poner en ejecución la toma de México para asolalla y destruilla y [de] que convenía mucho hacer bergantines para dar guerra a los de México por agua y por tierra, se hicieron trece bergantines en el barrio de Atempa, junto a una ermita que se llama San Buenaventura, los cuales hizo Martín López y le ayudó N. Gómez.

Después de hechos por orden de Cortés y probados en el río que llaman de Tlaxcalla Zahuapan, que se atajó para probar los bergantines, los tornaron a desbaratar para llevarlos a cuestas sobre hombros de los de Tlaxcalla a la ciudad de Tetzcuco, donde se echaron a la laguna, y se armaron de artillería y munición. Fueron en guarda de estos bergantines más de diez mil hombres de guerra con los maestros de ellos hasta que los armaron en el agua de la laguna de México, que fue obra de mucho efecto para tomarse México...

Y que los había llamado [dijoles Cortés] para dalles cuenta de ello y que sin su parecer no quería comenzar cosa alguna, sino que como amigos verdaderos había querido comunicar y tratar con ellos antes de dar principio a cosa ninguna, en especial negocio de tanta importancia, porque se representaba el duro caso y sangriento combate que había de tener con los culhuas mexicanos, que por una parte le daban pena, dolor y lástima que tenía de ellos, y por otra se le representaba la ignominiosa traición que con él y sus amigos usaron matándolos sin ninguna piedad; que sus belicosos españoles no veían ya la hora de verse envueltos con ellos por verse vengados de tan atroz delito, como fue el que contra ellos cometieron con atrevimiento temerario; que por fuerte e inexpugnable que fuese México, no le estimaba en cosa alguna, antes el ganallo y ponello debajo de sus pies lo tenía por negocio de pocos momentos, porque sin comparación era mayor su ánimo y esfuerzo y el de sus españoles, que estaban ya como leones y tigres fieros y hambrientos por despedazar a los mexicanos entre sus manos; y que movido de piedad, y visto que no era justo guiarse ni gobernarse por la voluntad de los suyos, quería excusar los grandes daños e ir por los menores inconvenientes, y que él les iba a la mano y se los estorbaba con la disciplina más piadosa y modesta, no consintiendo, ni dando lugar a que usasen de crueldad [y finalizó diciendo]: «y ansí, amigos míos, yo querría comenzar esta guerra con vuestro parecer e ir a esta jornada con la mayor templanza que pudiese y Dios me inspirase por excusar tantas muertes, porque yo no vengo a matar gente ni a cobrar enemigos, sino a cobrar amigos y a dalle nueva ley y nueva doctrina de parte de aquel gran señor el emperador, que es el que me ha enviado.»

Dichas estas palabras y otras muchas que para el tiempo y ocasión en que estaba le convino decir, dicen los naturales de Tlaxcalla que los cuatro señores de las cuatro cabeceras y parcialidades le respondieron resueltamente de que la guerra se comenzase como mejor le pareciese y él ordenase, que ellos le ayudarían e irían con él y le seguirían. Atribuyéndose a sí propios la gloria desto y de la orden que en todo se dio para la guera, porque dicen que ellos dieron este parecer [y] porque dicen ansí: que habiéndoles tratado Hernando Cortés largamente el negocio de la guerra con el más encumbrado encarecimiento que pudo y habiendo dado cada uno su parecer unos contrarios de otros, los señores de Tlaxcalla y sus capitanes dieron el suyo, y fue que ante todas cosas se conquistase la provincia de Tepeyacac y toda su comarca y las demás provincias sujetas a los mexicanos, y que haciendo esto, sería desmembrar y cortar las raíces del árbol y que quedando destroncado sin fuerza ninguna, con facilidad se derribaría por el suelo, porque ganándole los sujetos que estaban menos fuertes, quedaría la ciudad de México sola, sin que le pudiese entrar ningún socorro de parte ninguna [y] no se podría sustentar mucho tiempo, y que con esto se ganaría sin riesgo de tantas gentes y tomando México todo lo demás se sujetaría con mucha facilidad; y no haciendo esto, tenía fuerzas para mandar sus gentes y que se expugnaría a costa de mucha gente, porque sería grande su resistencia y la guerra duraría mucho tiempo, porque al fin los vasallos habían de acudir a su señor y rey y a su patria y República, porque todas las provincias y reinos se gobernaban por señores mexicanos.

Cuyo acuerdo, consejo y parecer quieren atribuir, ansí como tengo referido, a los tlaxcaltecas. Que fuese dado por ellos [o] que fuese dado por los nuestros, ello fue de mucho efecto y heroico pensamiento y acuerdo, pues se fue por esta orden y se comenzó a proseguir la guerra, conquistando y sujetando toda la redondez de este reino, y especialmente los lugares y provincias más circunstantes y vecinas de México, de donde se presumía que podía venirle socorro, hasta que a honra y gloria de Dios Nuestro Señor se conquistó y pacificó toda la máquina de este Nuevo Mundo, como más elegantemente lo tratan los escritores de la conquista de México a que me refiero.

Capítulo VIII. Que trata de la introducción del Sagrado Evangelio y de las dificultades que para ello hubo

Habiéndose ganado y conquistado la ciudad de México y pacificado mucha parte de la Nueva España, como está tratado, llegaron de España los doce frailes de la orden de San Francisco el año de 1524, con gran gozo y contentamiento de Fernando Cortés.

A los cuales recibió con muy gran veneración y acatamiento, que fue uno de los mayores y más grandes ejemplos que dio de su nobleza, virtud y persona, y muestra de su gran valor a toda esta tierra, cuya memoria quedará eternizada hasta el fin y consumación del mundo, porque yendo de rodillas abatido por el suelo, tomó las manos al Reverendo Padre Fray Martín Valencia, custodio de los doce religiosos que consigo traía, y se las besó, cuyo hecho devotísimo y humilde recibimiento fue uno de los heroicos hechos que este capitán hizo, porque fue documento para que con mayor fervor los naturales de esta tierra viniesen a la conversión de nuestra Santa Fe, como después vinieron.

De suerte que con esta devoción con que fueron recibidos estos santos varones, el día de hoy los naturales tienen en mucho a los sacerdotes y siervos de Dios, máximamente a los maestros de doctrina de Señor San Francisco.

Con la llegada de estos padres benditos, luego pusieron por obra la conversión general de estos naturales, dando orden de cómo se había de disipar la idolatría sin escándalo ni alboroto alguno. Y siendo ansí y poniendo en ejecución su santo propósito, comenzaron a derribar los ídolos de los templos con celo edificante de extirpar y desarraigar los ritos infernales que entre esta gente había, quemando los simulacros horrendos y espantosos, dando con ellos en tierra, sin que ninguno se los osase impedirlo ni estorbar.

Con esta tan sublime obra, comenzaron a promulgar y predicar el Sagrado Evangelio y doctrina de Nuestro Dios y Salvador Jesucristo con ayuda de muchos niños hijos de caciques y señores que a los principios doctrinaron, instruyéndolos enteramente en las cosas de nuestra Santa Fe Católica. En cuya obra hacían muy gran efecto e impresión en esta nueva planta.

Y prosiguiendo en ella, les comenzaron a quitar las muchas mujeres que tenían y los otros demás ritos de idolatría, y otras muchas supersticiones, sacrificios horrendos, cruelísimos y abominables de sangre humana ofrecida al demonio, sacada y desangrada de sus propias carnes. Quitándoles, ansimismo, que trajeran orejeras los hombres ni las mujeres, ni bezotes, y otros abominables usos y costumbres que tenían. Y que los hombres no tuviesen más de una mujer y las mujeres más de un hombre por marido, y esto había de ser por orden de Nuestra Santa Madre Iglesia y con licencia de los Ministros de Dios. Y que se quitasen los bragueros que traían y se pusiesen zagagüelles y se vistiesen camisas, que era traje más honesto, y que no anduviesen en carnes y desnudos como antes andaban.

A esta tan santa obra, algunos de los caciques y principales se mostraron duros y rebeldes y más que pertinaces, pues con haberse bautizado tornaron a reiterar en sus idolatría y gentilidad y antiguo uso. Los cuales murieron por eso ahorcados por mandado de Hernán Cortés y por consentimiento de la Señoría de Tlaxcalla, que fueron los que eran señalados por dibujo.

Solo diremos que después de que estuvo arraigada la fe y extendida, yéndose, como se iba extendiendo, la ley evangélica, don Gonzalo Tecpanecatl Tecuhtli, señor que fue de la cabecera de Tepeticpac, tenía escondidas en sus casas las cenizas de Camaxtli, ídolo muy venerado entre los naturales de esta provincia. Y teniéndolas encubiertas en su casa en un oratorio, pasaba con ellas gran inquietud y trabajo, sucediéndole grandes alteraciones, desgracias y calamidades en sus haciendas, porque el demonio le fatigaba, y no osaba descubrir a nadie, ni decir el mal que tenía en su casa escondido, con hacella tan mala vecindad y compañía.

Mas viniéndose a confesar una Semana Santa, como es precepto, se confesó con Fray Diego de Olarte, religioso del Orden de San Francisco, y en el discurso de su confesión, descubrió a este santo varón cómo tenía guardadas en su casa las cenizas del ídolo Camaxtli y que no lo había osado decir ni descubrir a nadie por su reputación y porque no le tuviesen por mal cristiano, y que agora que había conocido a Dios y entendido la burla y engaño en que vivía y vivieron sus antepasados, que por eso agora se lo descubría; y que mirase y viese lo que mandaba hacer de aquellas reliquias de su idolatría, que él estaba muy obediente a todo lo que mandase.

El buen religioso le mandó que las trajese, que no le quería absolver hasta que se las manifestase, porque de otra manera no le podía absolver ni bendecir en su agua dellos. Ansí, se dice, fue que el dicho don Gonzalo Tecpanecatl Tecuhtli le trajo las cenizas del ídolo Camaxtli. Se las entregó y luego el padre Olarte, en su presencia, las quemó y derramó por el suelo con gran menosprecio de ello. Y predicó con grandes exhortaciones al don Gonzalo, el cual tuvo gran dolor y arrepentimiento, llanto y lloro de sus culpas y pecados. Y ansí, aquella semana propia de Jueves Santo, estando disciplinado ante una imagen de Nuestra Señora, espiró y dio el ánima a Dios Nuestro Señor después de haber confesádose y comulgado. Y ansí, lo hallaron muerto y de rodillas ante la imagen de Nuestra Señora en el hospital de la Anunciación. Lo cual dejamos atrás citado y prometimos declarar el fin que tuvieron las cenizas del ídolo Camaxtli.

Al tiempo, las cenizas deste ídolo se desbarataron y desenvolvieron de las envolturas que tenían. Dentro de un cofrecillo de palo hallaron en las cenizas unos cabellos ruvios, porque afirman los antiguos viejos que fue un hombre blanco y rubio. Ansimismo, hallaron entre las cenizas una piedra esmeralda, porque se la solían poner a los hombres famosos en medio de sus cenizas, hechas unas con sangre de niños muertos que para este efecto mataban. Las cuales piedras decían que eran el corazón de los hombres de valor.

Dende ahí en adelante, hubo quietud en las casas y haciendas de los herederos de dicho don Gonzalo. No tan solamente había en esto mucho que decir, sino en otras cosas más que sucedieron dignas de memoria.

Aunque Fray Jerónimo de Mendieta, fraile de la Orden de San Francisco, ha escrito largamente de las cosas sucedidas acerca de la conversión de los naturales de esta tierra, y porque en este lugar se nos ofrece ocasión de tratar algunas cosas dignas de eterna memoria, salimos de nuestro principal intento.

Y es el caso que un cacique llamado don Cristóbal Axotecatl, principal del pueblo de Atlihuetza, sujeto a Tlaxcalla, martirizó a un hijo suyo llamado, ansimismo, Cristobal y por ser muchacho de poca edad le llamaban los religiosos Cristobalito, y su común nombre era Cristobalito, a manera de regalo. Y habiéndose bautizado y tomado por nombre Cristóbal, su padre Axotecatl, tornó a idolatrar y, por no ser sentido, puso a su hijo con los frailes en el monasterio de Tlaxcalla para que fuese doctrinado e instruido en las cosas de Nuestra Santa Fe. Y fue Nuestro Señor servido de que en muy breve tiempo fuese tan buen cristiano que no había más que desear. Los religiosos le tenían en tanto que no se hallaban sin él. El cual iba a su padre don Cristóbal muchas veces a predicalle las cosas de Nuestra Santa Fe, declarándole la doctrina cristiana, contradiciéndole y reprobándole la gentilidad y reprobada idolatría, y cómo era devaneo y engaño. Y que le rogaba mucho, como hijo suyo que era y que tanto le amaba, que dejase de idolatrar, se convirtiese a Dios y le sirviese.

Mas como su padre estuviese endurecido y obstinado, nunca quiso dar crédito a su hijo a cuanto le decía y amonestaba.

Visto esto por Cristobalito, rogó con gran instancia a su madre que dijese y rogase a su padre que pues era bautizado, que siguiese la fe de los cristianos y se volviese a Dios y aborreciese a sus ídolos, porque recibía grande afrenta y no osaba parecer ante sus maestros los religiosos.

Viendo que su padre todavía servía el demonio y a los dioses de piedra y de palo, lo cual rogaba a la madre con grande instancia y de que fuese parte que su padre se tornara a Dios y dejase al demonio.

La madre, viendo la razón que el hijo tenía, rogó a don Cristóbal, su marido, que volviese a la ley de Dios, y que viese cuán buena y cuán limpia era y descansada, y que dejase de adorar a los ídolos, como su hijo le decía; que ansí se lo habían enseñado los Padres de Santa María, que eran los frailes, que en esta sazón ansí los llamaban.

Y como este negocio fuesen tan odioso a don Cristóbal Axotecatl, mandó matar a su mujer. Muerta la madre, su hijo Cristóbal vino al dicho su padre con mayor fervor y osadía a amonestarle, diciéndole que dejase su idolatría y de servir a los ídolos, porque si no lo hacía y se enmendaba por bien, que él propio le quitaría los ídolos y descubriría; pero que como hijo le rogaba se quitase dello, porque vivía corrido y afrentado entre los frailes siervos de Dios que le habían doctrinado, y que mirase era señor y principal en la República de Tlaxcalla y no diese mala cuenta de su persona, ni lugar a que le perdiese la obediencia y respeto que le tenía de padre, porque en este caso no le podía guardar ningún decoro, y que le quemaría los ídolos.

De las cuales palabras el don Cristóbal Axotecatl recibió grande enojo y terrible coraje contra Cristobalito su hijo. Y un día, estando muy quieto y seguro Cristobalito en servicio de los religiosos, su padre le envió a llamar y, estando en su presencia, le dijo estas palabras: «¿Cómo, hijo mío engendréte yo para que me persiguieses y fueses contra mi voluntad? ¿Qué va a ti que yo viva en la ley que quisiere y bien me estuviere? ¿En este el pago que me das de la crianza que te he hecho?» Diciendo estas palabras, arremetió a él y le dio de porrazos con una porra que traía de palo, con que le hizo pedazos la cabeza, y le mató. Después de muerto, le mandó echar en una hoguera que tenía hecha en su propia casa y aposento. Como no se pudiese quemar el cuerpo de Cristobalito, le mandó sacar de la hoguera y le hizo enterrar en una hoguera suya, que era aposento bajo de terraplano.

Hecho esto y enterrado al dicho su hijo lo más secretamente que pudo, al cabo de muy pocos días los religiosos echaron menos a su Cristóbal, que no solía faltar tanto tiempo. Procuraron luego saber de él y buscalle con gran diligencia, [por] que luego sospecharon lo que podría ser. Y como no apareciese, al cabo de muchos días, por indicios y sospechas, se vino a sacar de rastro cómo su padre don Cristóbal lo había muerto a él y a su madre. Luego, por confesión suya súpose cómo los había muerto, cómo y de qué manera y la razón que para ello tuvo, y de cómo los tenía enterrados a los dos en su recámara.

Ansí por esto, como por otros negocios, fue justiciado el dicho don Cristóbal Axotecatl, el cual fue bautizado y murió cristiano. Senteciólo a muerte don Martín de Calahorra, que conoció de la causa y lo mandó ahorcar por mandado de Cortés. Visto todo por los religiosos de aquellos tiempos, hicieron desenterrar los huesos de Cristobalito y los de su madre y los llevaron al monastereio de Tlaxcalla, donde el día de hoy los han de tener guardados, que piadosamente se puede creer que fueron mártires madre e hijo.

Lo mismo acaeció en el pueblo llamado Santiago Tecalco (por lo mal sonante del vocablo se llama el día de hoy Santiago Tecalpan; otros le llaman Tecalli), pueblo que tienen en encomienda los sucesores de don Francisco de Orduña, a quien fue encomendado. Yendo por toda aquella comarca ciertos religiosos que salieron de Tlaxcalla a predicar, llevaban consigo unos niños que tenían doctrinados, [para] que buscasen y descubriesen ídolos y algunos idólatras, que siempre se estaban endurecidos y en no quererse convertir a la fe de Jesucristo.

Y como fuesen tan perseguidos de los muchachos, una noche los caciques de aquel pueblo convidaron a cenar a tres de ellos, y aquella propia noche procuraron matallos. Mas fue sentido por los niños por algunos avisos que tenían de otros indios también por inspiración divina. Dos de ellos se pusieron en huida, se escondieron y escaparon de entre sus manos. Al uno de ellos, que alcanzaron, lo mataron aquella noche, siendo de edad de quince años y era natural de Tlaxcalla. Y como en aquellos tiempos no usaban los naturales dagas, ni puñales, ni cuchillos para con ellos darle puñaladas al que querían matar, dábanle de porrazos, que era su costumbre antigua. Y ansí, tenían para este efecto unas porras de palo pesado o macanas y con ellas aporreaban.

Por manera que a este niño, habiéndole aporreado y dado en la cabeza muchos golpes y teniéndola hecha pedaños y magullada, nunca perdía el sentido para encomendarse a Dios y, clamando a grandes voces, decía que aquello que le hacían fuese por amor de Dios, y que no se le daba nada que lo matasen, que daba su vida por bien empleada, con tal que ellos se bautizasen y creyesen en Dios, que aunque él muriese y perdiese mil vidas que no les había dejar de decir que se bautizasen, convirtiesen a Dios y dejasen de ser idólatras, que no por temor ni miedo de perder la vida había de dejar de decilles la verdad y de cómo vivían engañados de sus ídolos. Y desta suerte murió hecho pedazos, como tenemos referido, siendo de su propio natural. Y en todo el tiempo que lo estaban matando, les estuvo predicando y reprendiendo, que fue toda la noche hasta el día siguiente. Sus compañeros, que estaban escondidos, visto que no podían dejar de padecer otro tanto, le dejaron y se fueron huyendo y se tornaron a Tepeyacac, donde dieron cuenta a los frailes de lo que les había pasado, y cómo los tepalcanecas habían muerto a uno de sus hijos. De que recibieron gran pena. Mas como en aquellos días no se ejecutaba la justicia, ni había castigo en los excesos por no alterar a los naturales, se quedó esta crueldad sin castigo.

Destos casos sucedían en diversas partes desta tierra. Aunque algunos quieren decir que fueron castigados y hecha justicia de los matadores, se pasaba por muchas cosas destas por la razón que dejamos referida. También acaecían otras muchas muertes que se pasaba por ello y otras de que no se tenía noticia entera, que el tiempo y el descuido de nuestros españoles las han consumido y puesto en eterno olvido.

Acuérdome en este lugar que en la Ciudad de México, catorce años después de conquistada toda la tierra y pacificada por Cortés, yendo con otros muchachos, hijos de españoles, por los barrios de los naturales nos corrieron unos indios embijados. De seis o siete que íbamos nos cogieron un compañero y se lo llevaron, que nunca más pudo saberse de él. Y sin éste que nos llevaron a ojos vistas, hurtaban los que podían para comérselos o tornarlos indios.

Dejando esto aparte, que era lo menos, [a] los españoles que caminaban a solas para ir a los pueblos y a otras provincias, los mataban y consumían secretamente, sin poderse saber de ellos. Hasta que se puso remedio y [se] mandó en toda la tierra a los caciques y reinos que tuviesen cuenta con los españoles que caminaban para pasar a otros pueblos, que en aquella sazón los llamaban cristianos, porque también lo eran ellos; y que de allí en adelante no los llamasen cristianos, sino que los llamasen españoles o castillecas, que tanto quiere decir como «castellanos», aunque, con todo esto, el día de hoy los llaman cristianos. Y con este orden, como está dicho, dende allí en adelante ya se tuvo muy gran cuenta y cuidado de nuestros españoles, y daban cuenta los naturales de ellos a donde quiera que iban, entregándolo, al pueblo donde llegaban y traían razón adonde quedaban, trayéndolos retratados de la edad que eran, si iban a pie o a caballo, sus vestidos y ropaje que llevaban, de qué color eran y manera de su traje. Dende entonces faltaban ya muy, pocos o casi ningunos, si no eran los que salían de México a Guatemala, Chiapas, Honduras, Nicaragua, y tierras remotas que aún estaban en guerra y por pacificar.

Capítulo IX. Que trata de los sucesos que hubo en la Nueva España hasta la partida de Don Antonio de Mendoza, primer virrey desta Nueva España

Habiendo tratado sumariamente de las cosas sucedidas en esta tierra y venida de los primeros españoles, será bien hacer otra breve discursación de tiempos, aunque distante y apartada de nuestro principal intento, no saliendo de los límites de nuestra instrucción.

Pacificada pues la tierra y aquietados los naturales de ella luego se entendió en la pacificación de todo el reino, y [en la] reformación, reedificación y población de la insigne y más que opulenta Ciudad de México, que tan destruida había quedado con las guerras. Cortés dio en esto las mejores órdenes que pudo, mandando hacer casas y calles a modo nuestro con tal principio y fundamento que permanece hasta el día de hoy en grande aumento y propiedad.

Enviando desde esta ciudad a todas las provincias, reinos y señoríos de Moctheuzomatzin, personas principales que las facilitasen, gobernasen y poblasen de españoles. Como fue al reino de Michoacán, Juan Saucedo «el romo»; a Guatemala, don Pedro de Alvarado; a Pánuco, Gonzalo de Sandoval; a Yucatán, Tabasco, Campeche y Champoton a Francisco de Montejo; a Chiapas a Juan de Mazariegos.

A las provincias de las Hibueras y Honduras fue el mismo Fernando Cortés personalmente, dejando allá por capitán y su lugar teniente a Cristóbal de Olid, a quien después le mató Francisco de las Casas y Juan Núñez Mercado por mandado de Cortés por presunción y sospecha que de él tuvo que se alzaba con aquel reino.

Y quedando en esta pacificación, vino por gobernador de las provincias de Pánuco, de México y Nueva Galicia Nuño de Guzmán, que pasando por el reino de Michoacán hizo ajusticiar al rey Catzontzin con grandes y crueles tormentos hasta que murió de ellos, por ocasión de que no quiso dar ni descubrir el tesoro que tenía, ni las minas de plata que en su tiempo había. Desde este reino de Michoacán, fue a las provincias de Xalisco y Culhuacan, cuyas tierras ganó y conquistó y pacificó, haciendo grandes insolencias, tiranías y crueldades con los naturales de aquella tierra. Por cuyas demasías, el emperador don Carlos V, rey y señor nuestro de gloriosa memoria, le mandó llevar preso a los Reinos de Castilla. Y antes que se fuese desta tierra, estuvo mucho tiempo preso en la cárcel pública de México, hasta que fue llevado a los dichos reinos de Castilla a Valladolid, donde a la sazón residía la Corte de Su Majestad, donde el dicho Nuño de Guzmán acabó desventuradamente con pleitos y contiendas defendiendo sus causas con mucha pobreza y miseria.

En este lugar trataremos breve y sumariamente de las grandes contiendas y alteraciones que resultaron en la Ciudad de México por la jornada que hizo Cortés a Hibueras. Las cuales procedieron por solo el apetito de ambición y deseo de mandar. Y fue el caso sobre cual de los Oficiales Reales había de tener el gobierno de la tierra, que esto debió ser el principal fin y fundamento de cada uno de ellos. La cual discordia pasó entre los Oficiales de Su Majestad con motivo y ocasión de las comisiones que Cortés les había dejado al fator Gonzalo de Salazar, al tesorero Alonso de Estrada, al veedor Peralmíndez Chirinos y al contador Rodrigo de Albornoz.

Lo cual causó la nueva que se había tenido de que Cortés era muerto y muchos compañeros de los que había llevado consigo a esta jornada trabajosa, cuya nueva fue causa de la contienda entre los oficiales, pues cada uno de ellos pretendía gobernar de por sí, y convocaba a sus amigos para seguir su opinión.

Con aquella sediciosa ambición y estando en el mayor furor de sus pasiones y desatinados deseos, llegó, pues, nueva del bien afortunado Cortés, de cómo estaba en la tierra, y que había venido a esta Nueva España él y sus compañeros en esta grande y atrevida jornada que hizo de las Hibueras, según que más largamente la tratan las crónicas, y lo refiere en particular Francisco de Terrazas en un tratado que escribió del aire y tierra.

Y con esta llegada de Cortés cesaron muchas diferencias y obstinadas disenciones causadas de cosas pasadas, porque se renovaron con su venida negocios muy pesados, de que resultaron grandes sediciones de hombres inquietos y bulliciosos, que estaban deseosos de que la tierra se alborotase.

Y con esta su venida y madura prudencia, apaciguó la tierra con los mejores medios que pudo, dando asiento nuevo en el gobierno de la tierra a la reedificación de México. No dando lugar a la tiranía que deseaban emprender los nuevos gobernadores a título de que eran Oficiales de Su Majestad y que a ellos incumbía gobernar la Nueva España, con intento de usurpar la fama y gloria del valeroso Cortés que con tanta felicidad había ganado, eternizando su fama, queriéndole oscurecer y aniquilar sus valerosos hechos y tan heroicas proezas, como lo habían intentado sus émulos y contrarios, escribiendo contra él al Emperador y a su Real Consejo.

Visto por Cortés los perniciosos humores congelados de maliciosos intentos que [se]rían muy malos de opilar si sobrepujasen y viniesen a predominar [sobre] su buen celo y sincero propósito, determinó irse a los reinos de Castilla y salirse de entre las llamas de tan encendido fuego. Y dando de mano a los apostemados propositos, dejó la tierra por muchas causas y razones que a ello lo movieron. La primera y más principal fue buscar la triaca de su remedio y resistir la venenosa ponzoña de sus contradictores, cuyo intento era ponelle en mal con el emperador, y que no le desquiciaran de la buena opinión que tenía y había ganado de sus heroicos hechos y la buena suerte y dicha que Dios le había dado, y porque su causa no pereciese por ausente. Y éste le pareció el más acertado acuerdo de cuantos podían imaginar, que era ir personalmente a los pies de su rey señor, y dalle la obediencia como a su señor supremo, y ofrecelle el servicio que le había hecho en ganalle esta tierra del Nuevo Mundo; que tan valerosamente había ganado en su real nombre, como leal y obedientísimo vasallo suyo, y haciendo ausencia de sus enemigos.

Con este presupuesto se embarcó e hizo a la vela. Y fue tal y tan próspero el viaje y navegación que hizo que dentro de treinta y ocho días llegó al Puerto de San Lúcar desde el día que partió de la Villa rica con bastimentos y matalotajes bien inusitados.

Con esta su llegada cesaron grandes negocios que habían llegado de sus contradictores a oídos de Su Majestad y de su Real Consejo. Mas luego de como fue llegado a los reinos de Castilla, se fue derecho a los pies del Emperador, señor clementísimo. Y con esto que hizo, todo le sucedió tan bien y con tanta facilidad que Su Majestad se tuvo por bien servido, y le hizo muchas y muy grandes mercedes y favores. Y le dio el título de marqués y le casó con Doña Juana de Zúñiga, hija del Conde de Aguilar. Y le mandó volver a esta Nueva España, honrado y favorecido con grandes ventajas, partidos y particulares privilegios, y le hizo su Capitán General de esta Nueva España, de lo ganado y de lo que estaba aún por ganar y descubrir. También le hizo Almirante de la Mar del Sur. Todas estas mercedes ganan y consiguen aquellos que lealmente y bien sirven a sus reyes, y en especial a los príncipes cristianísimos, como son el emperador don Carlos, de gloriosa memoria, y a nuestro invictísimo rey don Felipe (que guarde Nuestro Señor muchos años).

Después de su llegada de los reinos de Castilla con tanta gloria y pujanza, dando nuevo asiento a las cosas de esta tierra, hizo la jornada y nueva navegación de la Mar del Sur en demanda de las islas que se decían en aquel tiempo islas de Salomón, y de la isla de Tarsis y California. La cual le sucedió tan mal y tan siniestramente que casi se le perdieron todos los navíos. Y estuvo más de un año perdido en el gran río de Tizón y California, adonde pasó grandes trabajos, que pensó perecer él y toda su gente, ansí de hambre como de no hallar las poblaciones de que tenía noticia por relaciones, [por]que aunque aquella costa por donde anduvo es de muchos indios y poblaciones, es la más gente desnuda y bárbara, que viven como árabes y pobrísima, que no saben lo que es oro ni plata.

Y como no tuvo con qué pasar adelante con la pérdida de sus navíos, sufriendo tantas peregrinaciones, procuró volver a esta tierra con harta pérdida de su gente y hacienda, mas no cansado ni enfadado de los casos de fortuna.

Pretendió tras esto hacer la navegación de las Islas de la Especiería, que en aquella sazón llamaban los Malucos y tierra firme de la gran China. Y en efecto, armó contra aquella tierra y fue general de aquella armada Alvaro de Saavedra Cerón. Fue por maestre y piloto uno que se llamó el maestre Corzo, uno de los que pasaron con Magallanes.

Este fue la primera navegación que se hizo desta tierra para las islas que agora llaman Felipinas, que fue la segunda navegación que se hizo por la Mar del Sur de esta Nueva España en tiempo de Fernando Cortés. La cual armada se perdió y vinieron a remanecer algunos de los nuestros a la gran India de Portugal.

Estando Cortés en demanda de la California, como dejamos referido, llegó de España don Antonio de Mendoza por virrey desta Nueva España presidiendo en la Real Audiencia de México don Sebastián Ramírez de Pedraza, que después vino a ser Obispo de Santo Domingo en la Isla Española.

Este don Antonio de Mendoza fue muy principal caballero, hermano del marqués de Mondejar, el primer virrey que vino a esta Nueva España el año de 1534. Gobernó tan bien y prudentemente que con su valor, prudencia, y sagacidad y cristiandad pacificó, allanó y dio asiento a toda la tierra y poblaciones della.

En tiempo que este tan gran cristiano príncipe gobernaba la Nueva España, se hizo la segunda navegación de la Especiería. La cual armada hizo a su costa y mención en compañía de don Pedro Alvarado. Y fue por general de ella el capitán Ruy López, natural de Villalobos, y llevó por segunda vez de piloto al maestro Corzo, de quien arriba hicimos mención (que conocí muy bien).

Cuya jornada y navegación fue tan infelice y desdichada que se perdió toda sin ser de ningún efecto, y fue ocasión de habérsele muerto toda la gente y no tener con quien volver los navíos.

Y de aquí tomaron abuso decir que, por las grandes corrientes y vientos contrarios, no podían volver los navíos a esta Nueva España, cuya ironía duró muchos años, y que no se podía pasar por debajo de la línea equinoccial, y otras cosas pediéndolas, que se dicen y no se sufren escribir por estar ya muy entendidas las líneas y navegaciones de todos los mares del mundo y el ingenio de los hombres tan trascendido en viveza, que todo lo pueden ya alcanzar y comprenden con el entendimiento que Dios se ha servido darles, que se les hace todo fácil y comprensible.

Finalmente, los que escaparon de esta navegación vinieron a parar a la India de Portugal, donde fueron presos García de Escalante y Güido de la Bazares y Fray Andrés de Urdaneta, de la orden de San Agustín, de quien también quieren decir que fue uno de los que pasaron el estrecho de Magallanes. Estos trajeron de la India el Jengigle. Y se le atribuye a Güido de la Bazares, que lo sacó encubiertamente con gran astucia y maña y lo llevó a Castilla, de donde lo trajo a esta Nueva España. Y se sembró en Cuernavaca, en la huerta de Bernardino del Castillo, de donde ha procedido la cantidad que hay el día de hoy en las islas de Santo Domingo, que llevan a España de Barlovento las naos cargadas.

En tiempo de este virrey se armó otra armada que él mismo mandó hacer para la California. Y fue por general de ella Francisco de Alarcón y por maese de campo Marcos Ruiz. La cual armada también se perdió sin ser de ningún efecto, volviéndose a tierra, al puerto de la Purificación.

En este tiempo se hizo la entrada de la tierra nueva que llamaban las Siete Ciudades, que fue a costa del mismo don Antonio de Mendoza. Y fue por general de la entrada Francisco Vázquez Coronado. Esta fue la jornada que llamaron de Tribola, de que había dado noticia Fray Marcos de Niza, Provincial que fue de la Orden de San Francisco en aquella sazón, que afirmaba haber visto las Siete Ciudades personalmente y otras mucha tierras y provincias.

La cual entrada, ansimismo, se perdió, en que iban más de dieciocho españoles; toda gente granada y muy lucida. Llevaron, como está referido, por general a Francisco Vázquez Coronado, natural de Salamanca en los reinos de Castilla, persona muy principal, de calidad y suerte, y por maese de campo a Lope de Samaniego, alcalde que fue de las atarazanas de México, y por alférez general a don Pedro de Tobar. Y por muerte de Samaniego, que lo mataron los indios de Chiametla, sucedió por maese de campo don Tristán de Arellano y Luna. Sin los cuales fueron muchos caballeros sobresalientes, que fueron don Diego de Guevara, don García López de Cárdenas, capitán de la gente de a caballo, don Rodrigo Maldonado, Pablos de Malgoza y los Barrios nuevos, dos hermanos, y otros muchos personajes de suerte y valor, que por evitar prolijidad no se hace catálogo de todo.

No pasaron pocos trabajos y peregrinaciones en tierras tan desiertas, remotas y apartadas, larguísimas, anchas, extendidas y despobladas, sin poder topar cosa que buena fuese para poder poblar, ni que satisfaciese en tierras tan inhabitables, en especial a nación tan arrogante y belicosa como la nuestra.

... que iba en esta tan insigne entrada y armada que se hizo por la Mar del Sur y partes de la California, en que fue por general Francisco de Alarcón, como se ha referido. Y se hizo con designio de que si Vázquez Coronado topara con algún buen descubrimiento, que se comunicara y tratara por la Mar del Sur con esta Nueva España.

Y sucedió tan al contrario, que ni uno ni otro vino a efecto de lo que se pretendía, porque cansado Vázquez Coronado de haber andado y maquinado tantas y tan largas tierras despobladas, y llegado a la altura que debía llegar sin topar cosa buena, se tornó y deshizo su jornada. Y vínose a la Nueva España, porque Francisco de Alarcón se había ya, ansimismo, vuelto a México por no haberse podido topar en el pasaje donde estaba tratado, y por haber aguardado más tiempo de lo que disponía su instrucción, y porque no se le muriese la gente que se enfermaba, y le iban faltando los bastimentos y matalotaje.

Con esta venida de Alarcón, estuvo en desgracia de don Antonio de Mendoza, habiendo sido tan su allegado y privado y de su casa, que le había servido muchos años de Maestresala. Y, cierto, fue muy principal caballero, de mucho ser, valor, ánimo, brío y entendimiento. El odio y pasión que causó a don Antonio de Mendoza fue porque envió encubiertamente al Emperador don Carlos muy más amplia y particular relación de la tierra de la California, pretendiendo por sí propio la conquista, descubrimiento de aquella tierra y costa del Mar del Sur, porque entendía que confinaban aquellas tierras con la gran China, o que había a ella muy breve navegación desde esta tierra a la Especería. Con trabajos que tuvo de verse desfavorecido del virrey, vino a enfermar y morirse, como murió en el Marquesado de Cuernavaca.

Tornando a nuestro asunto e intento principal, según vamos refiriendo, habiendo llegado Francisco de Alarcón al pasaje donde se debía topar con Vázquez Coronado, viendo su dilación determinó su vuelta, dejando en aquel lugar puestas cruces y debajo de ellas, enterradas, botijas, dentro de las cuales [metió] cartas con relación del día, mes y año de su estada y llegada, y del tiempo en que aguardó hasta su vuelta. Para que si allí llegasen algunas gentes, supiesen lo que había sido de aquella armada, y para que no fuera ocasión de que allí se detuviesen aguardando su embarcación. Lo cual pasó el año de 1539 y el año de 1541.

Al cual despacho de estas dos armadas de mar y tierra fue personalmente don Antonio de Mendoza, virrey de esta Nueva España, lo uno a dejar a Francisco Vázquez Coronado hasta Compostela de la Nueva Galicia, y al despacho de Francisco Alarcón al Puerto de la Purificación, costa de la Mar del Sur.

Si como Francisco Vázquez Coronado echó a la parte del Sur y del Poniente, torciera y declinara a la parte del Norte, y se pusiera a la altura de treinta y seis grados, topara con grandes poblaciones; y si pasara de los llanos de Tríbola, Tiguer, Quibira y el Valle de Señora donde halló la mucha cantidad de vacas, quedaran aquellas tierras pobladas hasta el día de hoy.

Estas vacas son pequeñas y los toros corcovados. La cornadura es pequeña y son a modo de búfalos. Corre este género de animales muy grandes tierras y llanos que no tienen fin, y hállase la mayor parte en los llanos de Tríbola, donde habitaron los nuestros más tiempo de un año, mientras corrió Francisco Vázquez Coronado con trescientos hombres la tierra adentro hacia el Poniente sin hallar población de gente congregada, donde se detuvo seis meses. Y pasó más de cien leguas adelante [de] donde estaban estas vacas. Allí tuvo razón, por señas y noticias que le dieron los indios, de que a diez jornadas de allí había gente y vestía como nosotros, y que andaban por mar y traían grandes navíos, y le mostraban por señas que usaban de la ropa que nosotros usamos. Y no pasó de estas poblazones por volverse a los que había dejado en los llanos de las vacas, porque se pasaba el tiempo en que había quedado de volver.

Por comisión que tuvo don Antonio de Mendoza después de la venida de la guerra de Xuchipila y Xalisco, a causa de que los ganados mayores iban en grande aumento y dañificaban a los indios de paz, fue necesario hacer este descubrimiento.

Con esto se despoblaron muchas estancias del valle de Tepepulco, Atzumpa y Toluca, donde fueron las primeras estancias de ganado mayor, y se fueron a poblar por aquellos llanos, adonde agora están todas las estancias de vacas que hay en la tierra, que corren más de doscientas leguas, comenzando desde el río de San Juan hasta pasar de los cacatecas y llegar más adelante de los valles que llaman de Guadiatierras de Chichimecas, que no tienen fin ni cabo.

Y ansí, se despoblaron estancias de ganado mayor los valles de Atzompa y Perote, llanos de Tepepulco y valles de Toluca y otros muchos valles, y se pasaron a estas tierras tan largas y extendidas.

Aunque con el crecimiento de los españoles se han ido poblando las tierras marítimas de la costa de Pánuco y Nautla, que llaman los llanos de Almería y, desde allí, las estancias de Putingo y Mazautla y de Veracruz y otras de tierras calientes de Tlalixcoyan por la costa de Cohuatzacoalcos, que llegan al río de Grijalva. Es una cosa sin número e increíble el ganado que se va criando y aumentando, que si no se ve por vista de ojos no se puede numerar ni encarecer.

Aunque las carnes de los ganados que se crían en los chichimecas son mejores que las que se crían en tierras calientes. Y lo mismo las del valle de Atzompa, Tecamachalco. Villa de Atlixco, Perote, Alfaxayucan, Teotlalpa, Tepepulco [y] valle de Toluca, de mucha sustancia y finísimas lanas.

Es de advertir que hay opinión que las carnes de las indias no son de tanta sustancia ni tan sabrosas como las de Castilla. A lo cual se puede responder que las carnes crecidas y hechas de ganados de tierras calientes son de poco sabor y menos sustancia, porque, en efecto, son dejativas y flojas; y las criadas en tierra fría y en chichimecas, ansí de vaca como de carnero, son tan buenas, sabrosas y de tanta sustancia, como las que se comen dentro de Madrid, Valladolid y Medina del Campo. Y no hay que tratar de esto como quien ha visto y experimentado lo uno y lo otro, si no es que la falta de carnes que hay en Castilla no nos hace sentir otro gusto más sabroso, por carecer de la abundancia de la carne que aquí tenemos.

Gobernando, pues, esta tierra con tanta paz y tranquilidad este buen virrey, se descubrió en su tiempo la navegación del Perú desde esta tierra por el Mar del Sur. Se hicieron navíos y fueron al Collac de Lima. Cuya navegación y descubrimiento hizo a su costa y mención con muy grandes gastos y trabajos Diego de Ocampo, caballero muy principal, natural de la villa de Cáceres en los reinos de Castilla. El cual habiendo sido uno de los conquistadores y pacificadores de este Nuevo Mundo, perseverando en su proceder, se puso a hacer este tan bueno y provechoso descubrimiento hasta que se salió con él.

Y estando en su felice gobierno de un tan buen príncipe como este don Antonio de Mendoza, vino de España por visitador de esta tierra Tello de Sandoval, quien visitó al virrey, Audiencia Real y oficiales de su Majestad.

Vino, ansimismo, este visitador a publicar y ejecutar las nuevas leyes que fueron hechas en las Cortes que se hicieron en Malinas en favor de los indios. Las cuales contenían la libertad de los indios esclavos y que no hubiese tamemes ni que los indios se cargasen, y que se quitasen sin remisión ninguna los servicios personales que hacían, aunque se los pagasen.

Por cuya publicación hubo grandes alteraciones y estuvo la tierra en detrimento de perderse. Mas con la sagacidad de don Antonio de Mendoza se quietó y sosegó, y quedó pacífico, con que no se ejecutaron algunas cosas por entonces, sino que fuesen entrando en ellas poco a poco, y que se consumiesen los esclavos que a la sazón había, y con buenos medios se sobreseyesen las leyes y obedeciesen.

De la cual visita resultó que se mudó toda la Audiencia y los Oficiales Reales y el virrey don Antonio de Mendoza, lo cual pasó el año de 1544 al 1545 y el 46, que fueron tres años de visita.

Y de virrey de esta Nueva España, siendo ya muy viejo, fue por virrey a los reinos del Perú, donde vivió tres años gobernando con mucha paz y sosiego aquellos reinos, hasta que murió. Fue uno de los más famosos gobernadores que Su Majestad tuvo y ha enviado a estas partes: cristianísimo, de buen ejemplo y vida, discreto, sabio y prudente, como su nombre y fama hoy día resplandece en esta tierra, y sus heroicas obras lo muestran en este Nuevo Mundo. Entró a gobernar el año de 1534, como está referido.

Durante el felice Gobierno del virrey don Antonio de Mendoza, se descubrió una rebelión que intentaron hacer los negros esclavos de los españoles, para lo cual habían convocado a los indios de Santiago Tlaltelolco y México. La cual rebelión destruyó otro negro.

Averiguada jurídicamente, se procedió contra los culpados e hizo justicia en ellos, quedando la tierra sosegada por muchos años, hasta que hubo otra rebelión más peligrosa si pasara adelante, que fue descubierta por un Gaspar de Tapia y Sebastián Lazo de la Vega. Y cuyos culpados, ansimismo, fueron castigados, y justiciados con mucho rigor los convocadores deste motin. Muchos de esta liga y conjuración se fueron huyendo de esta tierra al Perú, que se hallaba en aquella sazón alzada por Gonzalo Pizarro y Francisco de Carbajal, su Maestre de Campo, aunque de estos que se iban huyendo se prendieron muchos de ellos por los caminos por donde iban, como fue en Tehuantepeque y Huaxacac. Los caudillos de esta rebelión y alzamiento fueron un Juan Toman, oficial de Calecto, un Juan Vanegas y un italiano. Los tres fueron justiciados en la Ciudad de México, confesando el delito que habían cometido e intentando hacer. Lo cual pasó el año de 1549.

Habiendo sucedido esto, se sosegaron y pacificaron los leales vasallos y servidores de Su Majestad por muchos años.

Y fue en muy gran aumento la población de los españoles, fue ennobleciéndose la Nueva España de pobladores españoles y fueron en crecimiento los ganados menores de ovejas.

Este buen príncipe procuró el asiento y perpetuidad desta tierra, y envió por ganados merinos a España para finar las ovejas que habían traído antes, que fueron de lanas bastas y vendas.

En su tiempo se comenzaron los obrajes de paño y sayales, y el trato de las lanas fue en muy gran crecimiento, porque los indios comenzaron a vestirse de mantas de lana y otras cosas que labraban della. Y se comenzaron las labores de trigo y estancias y se repartieron muchas tierras. Y para todo dio favor y ayudó mucho.

Y se comenzaron a descubrir muchos veneros de oro, plata, fierro y cobre, ansí como fueron las minas de Tlachco, Zultepeque y Tzompanco. Y se comenzó a fundir moneda para la contratación de los españoles, porque antes no se trataba sino con barras y tejuelos de oro y oro en polvo, y no podía correr tan bien como corre la moneda, y había gran fraude en los rescates del dicho oro y plata, y eran muy lesos y damnificados los indios, que no sabían más de trocar «dame esto y te daré esotro», poco más o menos. Para evitar esto se batió la moneda, como está referido. Hubo otro género de moneda que fue [de] cobre, que fueron cuartos y medios cuartos de a cuatro y de a dos maravedís, y comenzó esta moneda a correr por entre los españoles y indios. La cual pareció tan mal a los naturales, que hacían burla de tan baja cosa, que no la estimaron en nada ni la pudieron sufrir, porque decían que denotaban muy gran pobreza. Y no la quisieron tratar ni recibir. Y aunque hubo rigor y fueron compelidos a que de ella usasen y tratasen, dentro de un año o poco más, reunieron y echaron de sí más de cien pesos de esta moneda en la laguna de México para que no obiese memoria della. Y hasta hoy ha durado el no usarla en esta Nueva España, porque toda la rescataron los indios y la desterraron del mundo, a lo menos de su tierra, porque les fue muy aborrecible y odiosa. Y ansí, no se usa otra moneda ni corre más que la de plata desde aquel tiempo, en reales de a ocho hasta medios reales, toda de plata, muy buena moneda. Y en este tiempo cesó el trato de oro en polvo, barras y tejuelos.

Finalmente, gobernando este tan ilustre varón, se ennobleció muy grandemente la Ciudad de México. Gobernóla y toda la Nueva España siete años cristianísimamente.

Hubo en su tiempo una muy gran pestilencia y mortandad en los naturales desta Nueva España el año de 1545, que duró más de seis meses. Arruinó y despobló la mayor parte de todo lo poblado de la tierra.

En tiempo de su gobierno se proveyó el Obispado de Guatemala en el Lic. don Francisco Marroquín, clérigo; el de Huaxacac en don Juan de Zárate; el de Chiapas en Fray Bartolomé de las Casas, del Orden de Santo Domingo; el de Michoacán en don Juan Vasco de Quiroga; el de Xalisco en don Pedro Gómez de Malaver; el de Tlaxcalla en don Julián Garcés, primer Obispo que vino proveído a estos reinos; y don Fray Juan de Zumárraga por primer obispo de México, antes que fuera Arzobispado.

Este primer Obispo de Tlaxcalla fue uno de los doctísimos varones en letras que acá han pasado, de más grande santidad, ejemplo y vida. De todos los cuales se podrían escribir grandes santidades y obras santísimas de sus vidas y porque entiendo que muy largamente están escritas de ellas [las] excelencias maravillosas que en servicio de Dios Nuestro Señor hicieron en la conversión de los naturales y nueva planta de esta Iglesia militante, no nos detengamos en esto. Solo referiré, que siendo oidor don Juan Vasco de Quiroga, le vino el Obispado de Michoacán. Fue un santo de mucha perfección.

Y lo mismo fue don Fray Juan de Zumárraga, fraile de la Orden de San Francisco, y después murió de Arzobispo de México. Lo mismo diremos de don Francisco Marroquín que hoy en día vuela su fama; y [de] don Juan de Zárate, Obispo de Huaxacac, que lo llaman «vaca de oro» por ser devotísimo de la Madre de Dios; y [de] don Fray Bartolomé de las Casas, gran defensor de las causas de los indios de todas las Indias, ansimismo doctísimo varón. Lo propio se puede decir de don Pedro Gómez de Malaber primer Obispo de Xalisco.

Y, sin duda, se puede creer piadosamente que son santos bienaventurados y que están gozando de la gloria y canonizados ante Dios por escogidos suyos. Y fueron escogidos para fundamento y principio desta nueva planta, donde sus vidas santísimas tanto florecieron y resplandecieron con humildad y pobreza, sin tener cosa suya que no fuese para los pobres. Hombres sin género de codicia, porque en aquella sazón aún no se sustentaban de los diezmos, sino muy poco de los quince mil maravedís de que suplía la caja de Su Majestad. Todo lo cual vi por vista de ojos, y conocí a estos bienaventurados prelados y siervos de Dios. Todo esto fue en el tiempo que gobernó don Antonio de Mendoza.

Florecieron, ansimismo, en estos tiempos muchos religiosos de santa vida, dignos de eterna memoria. Y no será razón dejar sin algún razeño o memoria dellos. Aunque sé y entiendo que Fray Hierónimo de Mendieta y otros religiosos han escrito largamente dellos, no por eso dejaré de hacer un breve catálogo de los que conocí y he conocido en esta nueva planta, y de los que me acordaré.

El primero fue Fray Martín de Valencia, custodio que vino con los doce religiosos primeros que el Emperador don Carlos V envió a esta Nueva España a la predicación y conversión de los indios. Un Fray Domingo de Betanzos, del Orden de Santo Domingo, varón de gran santidad. Fray Pedro

Delgado, del orden de Santo Domingo. Fray Juan Bautista, del orden de San Agustín. Fray Tomás del Rosario, del Orden de Santo Domingo. Fray Cristóbal de la Cruz, del Orden de Santo Domingo. Fray Alonso de la Veracruz, Maestro en santa teología, varón santísimo y doctrinísimo, del Orden de San Agustín. Fray Pedro Medillán, de la propia Orden. Fray Alonso de Escalona, gran siervo de Nuestro Señor, del Orden de San Francisco. Fray Diego de Olarde, ídem. Fray Francisco Linborne, Fray Juan Bastidas, Fray Juan Ramírez, Fray Andrés Olmos, Fray Juan de Romanones, Fray Juan Osorio, Fray Andrés de Portillo, todos santísimos varones del Orden de San Francisco, de gran ejemplo y doctrina. Fueron los doce primeros que a esta tierra vinieron, que conocidamente vivieron santísimamente, y acabaron con gran santidad y dejaron eterna fama por su doctrina y ejemplo.

También hubo en este tiempo varones clérigos de mucha perfección, santa vida y ejemplo, que fueron los que siguen: el canónigo Juan González, el canónigo Santos, el canónigo Rodrigo de Avila, el canónigo Nava, arcediano de la Catedral de Tlaxcalla; don Francisco de León que dejó su arcedianazgo y murió fraile del Orden de San Francisco.

Ha habido tantos religiosos de todas las órdenes tan buenos, tan santos y siervos de Dios que, como al principio dijimos, sería necesario hacer grandes historias de cada uno de ellos y de sus milagros. Por lo cual, me remito a los que han escrito sus vidas, que sé que son muchos en particular, y yo me hallo indigno de tratarlos. Y aunque muchas cosas buenas suyas, de sus doctrinas, sermones y ejemplos [he visto], me hallo corto y no merecedor de tocar en ello, porque sería meterme en un piélago de mucha profundidad, que es dado y reservado a otros siervos de Dios Nuestro Señor, que han tratado y podrán tratar de sus actos y hechos, de lo que predicaron, y del modo con que procedieron en la conversión de los indios, alumbrados del Espíritu Santo. Y por la brevedad por mí prometida, no pasaré adelante en esto.

> Capítulo X. Que trata de los virreyes que hubo en esta Nueva España desde don Antonio de Mendoza

Habiendo gobernado tan bien y fielmente don Antonio de Mendoza tantos años, en su vejez, cuando había de tener descanso, llegó de España don Luis de Velasco por virrey de esta Nueva España, año de 1551.

Y se juntaron los dos virreyes en la ciudad de Cholula, donde se vieron y obedecieron la cédulas de Su Majestad. Allí consultaron las cosas del gobierno de la Nueva España, y del estado en que quedaban los negocios de la tierra, y lo que Su Majestad mandaba guardar y ejecutar acerca de la buena conservación de los indios y de su aumento.

Desde esta ciudad de Cholula se partió el buen don Antonio de Mendoza para los reinos del Perú, viejo, cansado y enfermo. Y con esta senectud hizo su viaje por mandárselo Su Majestad. Se despidió de todos como buen padre, y ansí fue llorado de toda la tierra, con mucha razón.

El mismo virrey don Luis de Velasco partió para México y procedió en su sagaz gobierno. Lo primero que hizo fue mandar ejecutar los capítulos de las Nuevas Leyes, y se libertaron los esclavos y servicios personales y los tamemes. Mandóse que los indios no cargasen.

Pasado este rigor y primer ímpetu, que fue de mucho sentimiento en la tierra, al fin adelante y pasada alguna temporada de su gobierno, fue su proceder tan humano y gobernó tan bien y tan a gusto de toda la tierra que, por su sagacidad y madurez, mereció ser llamado por excelencia «Padre de la Patria». Visitó personalmente toda la tierra de su gobernación, y se asentó y apaciguó con quietud toda la tierra desta Nueva España.

En su tiempo se hizo la armada de la Florida, año de 1559, y fue por general de ella don Tristán de Arellano y Luna. Y como se perdió, fue al socorro y a recoger la gente perdida de aquella armada Angel de Villafaña con nombramiento y comisión, que llevó del virrey don Luis de Velasco, de capitán general y gobernador de aquella tierra, porque don Tristán de Arellano se fue desde allí a Castilla como se vio perdido. Y [aun] cuando el dicho Angel de Villafaña no fuera de más efecto de éste, fue negocio que importó mucho su ida, porque sacó de allí la gente que perecía de hambre en aquella tierra, pues todos los bastimentos que llevaban se perdieron con la tormenta que tuvieron en la mar. Y ansí, no tuvo la gente qué comer y perecían de hambre por ser despoblada y de chichimecas. Y al fin vino el dicho Villafaña con la mayor parte de la gente que pudo, la puso en La Habana, y de allí vino a esta Nueva España, dejando despoblada la Florida por verse sin orden [y] con gente cargada de mujeres y niños que iban a poblar.

A no hallarse de esta manera, pasara adelante con parecer de muchos capitanes, y entrara a la tierra adentro, cuyo acuerdo hubiera sido acertado, y estuviera poblado el Nuevo México. Fueron deste parecer Matheo de Sauz, Baltasar de Sotelo y otros muchos capitanes de experiencia.

Este fin tuvo esta grande y lucida armada, que no fue poco daño, porque después han intentado poblar esta Florida franceses y otras naciones, que se los han impedido los nuestros, porque en tiempo deste buen virrey floreció por la mar Pedro Meléndez de Valdés, siendo general de la carrera del mar destas Indias, donde pasó grandes trances y buenos sucesos en servicio de Su Majestad. Fue muy temido de los corsarios y en especial de los franceses, que los desterró y echó de la Florida con gran pérdida y daño dellos. Y como prendió a Juan Ribaud, general de los franceses que se había apoderado de la Punta de Santa Elena y San Mateo, aseguró en sus tiempos esta carrera de la Nueva España.

En tiempo deste buen caballero, se perdió la flota que iba destos reinos a los de Castilla, y dio en la costa de la Florida, año de 1553, donde pereció y murió mucha gente y se perdió gran tesoro, de cuya armada escaparon pocos navíos, que fueron la nao del [maestro] Cerco y la de Farfán de Jáuregui y otros algunos de poca cuenta. Mataron los indios muchos frailes y personas de cuenta. Allí murió Fray Juan de Méndez, del Orden de Santo Domingo, muy famoso predicador, y Fray Diego de la Cruz, Procurador de Santo Domingo. Mataron a Doña Catalina, mujer que fue de Juan Ponce de León, encomendero de Tesama, que iba a España desterrada por la muerte de su marido, que dicen mató Bernardino de Bocanegra.

Ansímismo, en tiempo deste buen virrey, se pobló el Nuevo Reino de Vizcaya, llamado de Chametla, y fue por gobernador de aquellas poblazones Francisco de Ibarra.

Pobláronse también en sus tiempos la Villa de Santa Bárbara, Guadiana, Sombrerete, Chalchihuites, el Mazapil, las tierras de Indé y todos aquellos confines y partes muy apartadas, ampliando los reinos y señoríos de Su Majestad, como el día de hoy permanecen. Al principio de su gobernación se puso la Real Audiencia de Guadalajara de la Nueva Galicia.

En estos tiempos de su gobierno se hizo la tercera armada para la Especería e Islas del Poniente llamadas las Filipinas. La cual se hizo a instancia y persuasión de Fray Andrés de Vidaneta del Orden de San Agustín, de García de Escalante y Güido de Bazares, personas que habían visto y estado en aquella tierra. Y viendo Su Majestad las grandes relaciones de aquellas islas y tierra, mandó se hiciese la dicha armada.

Y la puso en efecto el buen virrey don Luis de Velasco, enviando por general della a Miguel López de Legazpi, y por maese de campo a Matheo del Sauz, y a Güido de los Bazares por factor de Su Majestad. La cual armada tuvo tan buen suceso que hoy día permanece y permanecerá hasta el fin, porque la contratación será la mayor y mejor que ha habido en el mundo, en especial en estas partes del Poniente.

Por esta población han resultado grandes descubrimientos de reinos y provincias de la gran China, Japón, Tartaria y otras naciones que había incógnitas, y muchas de ellas van teniendo razón y noticia de Nuestra Santa Fe Católica, que será principio de la conversión de aquellas naciones, para que vengan en conocimiento de Nuestra Santa Fe.

Ansí que este cristianísimo virrey gobernó sabia y discretamente, con suavidad y dulzura, por lo que fue muy querido y amado en toda la redondez desta tierra.

Y en este tan felice estado de su gobierno le vino la visita, y por visitador el Lic. Valderrama, Oidor que fue del Consejo de Indias, el año de 1562.

Y estando en esta visita, Nuestro Señor fue servido de llevar desta vida al buen virrey don Luis de Velasco, de gloriosa memoria, el año siguiente de 1564, habiendo acabado de despachar dicha armada de la Especeria en las Casas de Ortuño de Ibarra. Y está enterrado en Santo Domingo de México, donde tiene su capilla y entierro. Su hijo don Luis de Velasco hizo trasladar sus huesos a la iglesia nueva, siendo virrey de esta Nueva España. Y luego resultaron de su muerte muchas novedades, trabajos, disensiones y pasiones ocultas de pechos dañados, odios y enemistades con ellas, y dañados humores que conocidamente se traslucían. Por lo que determinó irse el visitador Valderrama a los reinos de Castilla con la visita, habiendo estado en la tierra tres años, dejando en el gobierno della a la Real Audiencia de México en el año de 1566.

En este tiempo sucedió la rebelión que dicen de México. Y fue[ron] por ella justiciado[s] Alonso Avila Alvarado y Gil González Dávila, su hermano, y otros muchos caballeros, entre ellos don Pedro de Quesada, don Baltazar, su hermano, y Baltazar de Sotelo, hermano de Diego Arias de Sotelo. Y por ello fue preso don Martín Cortés, marqués del Valle, y don Luis y don Martín Cortés, sus hermanos, y Bernardino de Bocanegra y Diego Arias de Sotelo y otros muchos, que fueron enviados presos y desterrados desta tierra a los reinos de Castilla. De estos negocios y de cómo vinieron en seguimiento desta causa por pesquisidores el lic. Muñoz, el doctor Carrillo y el lic. Xarava que viniendo por la mar murió, y de cómo fueron mandados volver el dicho lic. Muñoz, y Carrillo, y yendo a España murió Carrillo en la mar, había mucho que tratar. A lo cual ponemos freno, porque hay muchos escritos acerca de esta rebelión por muchos autores, remitiéndome a lo que la Real Audiencia hizo y según procedió jurídicamente.

Estando en el furor de estos negocios, vino por virrey desta tierra don Gastón de Peralta, caballero nobilísimo. El cual duró en el cargo muy poco tiempo, porque la tierra no lo mereció. Fue la causa de su breve mudanza, informaciones que contra él enviaron a Su Majestad, acusándole de remiso y que desfavorecía los casos pasados tocante a la rebelión, y que favorecía la parte del marqués del Valle.

Idose a España, vino y le sucedió don Martín Enríquez. Y halló tomado el Puerto de San Juan de Ulúa por Juan de Ade, inglés corsario, y por su buena orden se tornó a cobrar el puerto e isla de San Juan de Ulúa, que para habella hubo grandes refriegas, y reencuentros y muchas muertes de una y otra parte. Lo cual había puesto en gran alteración la tierra con esta ocasión de hacer los daños que han hecho y hacen cada día. Los grandes robos que han hecho por el Mar Océano, Santo Domingo, Cartagena, Puerto de Caballos, costa del Mar del Sur, carrera de las Filipinas y costa del Perú, y cómo Francisco Drack tomó un navío que venía de las Filipinas cerca del Puerto de la Navidad y California, y de otros navíos que ha tomado cargados de plata, oro, perlas y otras riquezas, sin otros daños excesivos, no se pueden contar sin gran lástima y pena, por no haber tenido en nada a los corsarios, ni el negocio de San Juan de Ulúa.

Gobernó el dicho don Martín con prudencia y muy discretamente esta tierra más de catorce años con mucha quietud y sosiego, dando nuevo asiento a la tierra de las alteraciones pasadas.

En su tiempo, se desvergozaron mucho los chichimecas, [e] hicieron grandes matanzas y robos por los caminos de zacatecas y estancias de ganados, que con muy gran dificultad se podía transitar la tierra. Y fue necesario mandar hacer fuertes y tener presidios en muchas partes de toda la tierra de chichimecas, donde se gastaba con la soldadesca más de doscientos mil pesos. De suerte que toda la tierra estaba en gran detrimento y costaba muchas vidas de españoles todos los años, de robos y daños que hacían los chichimecas. Con estos presidios se reparaban en parte los daños que los salteadores chichimecas hacían.

En tiempo que gobernaba esta Nueva España se introdujo el derecho de alcabala y comenzó [se] a pagar con harto disgusto de los vecinos, que por ello fue aborrecido.

En el año de 1576, sobrevino a esta tierra una muy gran pestilencia y mortandad en los naturales della, que duró más de un año. Arruinó y destruyó la mayor parte de la Nueva España y casi quedó despoblada de indios. Un mes antes que comenzase la mortandad se vio una muy gran señal en el cielo, porque se vieron en el Sol tres ruedas que parecían tres soles muy sangrientos inflamados de fuego, que hacían uno las colores. Estas tres ruedas eran semejantes al arco del cielo llamado iris. Duraron desde las ocho hasta casi la una después de medio día.

Al cabo de catorce años de su buen gobierno, vino por virrey desta tierra don Lorenzo Suárez de Mendoza, conde de la Coruña. Y el dicho don Martín Enríquez fue por virrey al Perú, donde vivió tres años y gobernó aquellos reinos con mucha prudencia y discreción, como hombre maduro y sagaz y de gran experiencia, donde finó con acrecentamiento de gloria y eterna fama.

El conde de la Coruña prosiguió en su gobierno tres años con mucha mansedumbre hasta que murió y pasó desta presente vida. Vínole la visita para que visitase la Real Audiencia de México y oficiales de Su Majestad, que por su fin y muerte gobernaba.

Estando en esta continuación, vino por virrey de esta tierra y Nueva España don Alvaro Manríquez de Zúñiga, marqués de Villa Manrique de Zúñiga, año de 1585. Y el Arzobispo de México se fue a los reinos de Castilla con la visita, donde falleció, siendo presidente del Consejo Real de Indias, que sucedió a Hernando de Vega Fonseca, obispo de Córdoba.

El marqués de Villa Manrique gobernó cuatro años, en su tiempo hubo muy grandes negocios, que de algunos dellos trataremos en suma.

Glosario[1]

Observación preliminar
En este vocabulario se reúnen las voces y frases nhbua que aparecen en la obra. Para su buen uso, conviene tener presentes las notas que siguen:
1.º Se da la voz con la ortografía que figura en el escrito de Muñoz Camargo. Si la palabra aparece con una grafía errónea o corrupta se anota la forma correcta.
2.º Si existe traducción de Muñoz Camargo se recoge ésta entre paréntesis y precedida por la inicial MC.
3.º Para la alfabetización se sigue el sistema adoptado para el idioma mexicano: A, C, CH, E, H, I, M, N, O, P, Q, T, TL, TZ, U, X, Y, Z.
4.º Se presentan todas las posibilidades cuando el vocablo permite suponer dos o más traducciones. Las etimologías dudosas se indican mediante una interrogación entre paréntesis.
5.º Tratándose de animales y plantas, se añade, cuando ha sido posible, la identificación científica.
6.º Solo se han incluido aquellos topónimos que se repiten con cierta frecuencia. Para diferenciarlos de las restantes voces van anotados con la abreviatura topon.
7.º Los nombres propios se han tratado igual que los topónimos.
8.º Dadas las peculiares características de la alfabetización de la lengua nahuatl, interesa no olvidar las siguientes normas:
a. No existe distinción clara entre O y U, A y E, y E e I.
b. El fonema W se transcribe en el siglo XVI con las letras U, V o la combinación HU.
9.º Para la pronunciación de los términos azteca deben seguirse las siguientes indicaciones:

[1] El presente glosario fue confeccionado por Germán Vázquez Chamorro para su edición de este libro.

a. Las vocales: semejantes a las castellanas excepto la U, cuya pronunciación es intermedia entre la O y la U.
b. Las consonantes:
C: silbante (S castellana) ante I o E; oclusiva (= K) ante A, O, U, o cualquier consonante.
CH: igual a la castellana, aunque es más fuerte.
LL: las dos L se forman de manera separada. Ejemplo: calli (casa) = cal li.
TL y TZ: fonemas fáciles de pronunciar si se da un solo golpe de voz al propalarlos.
X: idéntica a la SH inglesa.
Z: silbante (S castellana).

A

ACATENTEHUA, «Dueño del bezote de caña» (?) Tercer señor de Ocotelolco. Derrocado y asesinado por Tlacomihua.

ACOHUAQUE, «Los que no tienen antepasados». Grupo étnico del Valle de México que formaba parte de la Confederación azteca.

ACUL, «Musculoso». Antepasado de Nezahualcoyotl, tlatoani de Tetzcoco.

ACHCAUHTLI TEOPIXQUE TLAMACAZHUACHCAUHTLI, «Principal de los guardianes del Dios, principal de los llegados a la madurez». Sumo sacerdote de Camaxtli, numen tutelar de Tlaxcallan.

ACHCAUTZIN TEOPIXQUE TEOPANNEQUE TLAMACAZQUE, achcauhtzitzin teopixque teopaneque tlamacazque, «Principales de los guardianes del Dios que han llegado a la madurez [para ser] admitidos en el estandarte de Dios». Sacerdotes que tenían acceso al teopantli o sancta sanctorum del templo.

AHUITZOTL, «Nutria». VIII.º gobernante de Tenochtitlan (1486-1502).

ATLIXCO, «Donde el pie del agua». Nombre de una localidad que sirvió para denominar la campaña de Motecuhzoma II contra Tlaxcallan.

ATLMOYAHUACAN, Amoyahuacan, «Donde el agua turbia». Topon.

AXAYACATL, «Máscara de agua» o «Mosco acuático». VI.º gobernante de Tenochtitlan (1472 1482).

AXAYACATL XICOTENCATL, V. XICOTENCATL.

AYATL. Manta de tela fina hecha con fibra de maguey o algodón.

C

CACAMA TECUHTLI, «Señor sombrío». Jefe de los chichimeca que se asentaron en Xaltepetlapan (Huexotzinco).

CAMAXTLE, Camaxtli, «Boca en el rostro» (?) Deidad tutelar de Tlaxcallan.

CASTILLECAS (MC. «castellanos»). Nahuatlización del gentilicio «castellano».

CATZONSI, cactzoltzin, «Sandalia vieja». Apodo despectivo dado por los mexicanos a Tangaxuan II, último irecha («rey») de Michoacan.

CITLALPOPOCATZIN, «Estrella Humeante». VIII.º señor de Quiahuitztlan. Amigo y aliado de Hernán Cortés.

COA, voz antillana. Palo cavador.

COHUATLICUE, Coatlicue, «La de la falda de serpientes». Deidad nahuatl. 1. Madre de Huitzilopochtli, Coyolxauhqui y los Centzon Huiznahuaque. 2. Esposa de Mixcoatl Camaxtli, madre de Quetzalcoatl.

COHUATLICHAN, Coatlichan, «La casa de la serpiente». Topon.

COXANA, Cotzana, «El del pie torcido». Caudillo de los olmeca zacateca, que, derrotado por los tlaxcalteca, se asentó en Zacatlan.

CULHUA, «El que tiene abuelo». Nombre dado a los habitantes de México-Tenochtitlan.

CULHUA TECUHTLI, Colhua tecuhtli, «El señor que tiene abuelos». Señor de Texcalla y de Tepeticpac.

CULHUACAN, Colhuacan, «El lugar de los que tienen antepasados». Topon. Localidad mítica donde se asentaron los tlaxcalteca durante la migración.

COYOLLIMAQUIZ, coyollimaquiztli, «Brazalete de cascabeles». Esposa de Tzontecomatl, señor de los aculhuaque.

CH

CHALCO, «El lugar de la esmeralda» o «En la concavidad del terreno». Topon. Localidad del Valle de México.

CHALCHIUH CAPITAN (MC. «Capitán de gran estima y valor», «esmeralda capitán» o «muy preciado caballero»). Nombre dado por los tlaxcalteca a Hernán Cortés.

CHALCHIUITE, chalchihuitl. Piedra preciosa o semipreciosa de color verde (esmeralda, jade, jadeita, cristal verde, etc.)

CHALMECA, «Linaje de Chalco». Grupo étnico que habitaba la localidad de Chalco.

CHICUHNAUHNEPANIUHCAN ILHUICA, chiconahui ilhuican, «El noveno cielo». Una de las subdivisiones de la bóveda celeste.

CHICHIHUALLI (MC. «teta» o «ubre»). Seno.

CHICHILIZTLI (MC. «mamar»).

CHICHIME (MC. «perros»). Nombre que los nahua daban al canix mexicanus.

CHICHIMECA (MC. «hombres salvajes»), «Gentes del linaje de perros». Término infamante empleado por los nahua o «civilizados» para designar a las bandas de cazadores recolectores nómadas.

CHICHIMECA TECHICHINANI (MC. «chupadores»), «Chichimeca que esperan a alguien». La voz techinani («esperar a alguien») unida al sustantivo chichimeca designa la costumbre que tenían estos grupos de pasar horas y horas esperando una presa.

CHICHIMALIZTLI (MC. «cosa que chupa»).

CHINAME, «Dueño de la sementera acuática» (?) Capitán tetzcocano que auxilió a los chichimeca de Tlaxcallan.

CHOLULA, Cholollan, «El lugar de la huida». Topon. Localidad del Estado de Puebla.

E

EXQUINAN, itquinan(tli) (?), «Llevar a la madre». Ceremonia que consistía en desollar al primer cautivo de una campaña, vistiendo con su piel a un guerrero.

H

HUEHUEYAC, «Nariz vieja» (?) Tatarabuelo de Nezahualcoyotl.

HUEMAC, «En la mano grande». 1. Denominación del dios Tezcatlipoca. 2. Nombre de uno de los dos máximos señores de Tollan.

HUEXOTZINCO, «En el lugar del pequeño sauce». Topon. Localidad del Estado de Puebla.

HUIPILLI, Especie de casaca o camisola usada por las mujeres nahua.

HUIZILOPUHTLI, Huitzilopochtli, «Colibrí del sur». Nombre del dios tutelar de México Tenochtitlan.

I

ICALAQUIAN, Icalaquian tonatiuh, «Hacia la cara del Sol» (?) Poniente.

ILANACEYTL ATOTOZ, Ilancueitl Atotoztli, «Falda vieja». Abuela de Nezahualcoyotl.

IXICOHUATL, Ixcoatl, «Serpiente de piedra». Caudillo chichimecatl que se asentó en Cholollan.

IXTLI (MC. «algodón»), «Cara». La traducción correcta de algodón sería Ichcatl.

IXTLILXOCHITL, «Flor de pétalos negros», «Preciada caña de nudos negros». VI.º gobernante de Tetzcoco.

IZCAHUITLI (MC. «Cierto marisco»). Gusanillo rojizo de las charcas y lagunas. Lumbricorum tenuissinorum. congeries quoedam (?)

IZTACIHUATL, «La mujer blanca». Vocán de la serranía de Tlaxcallan.

M

MALINTZIN, «Enredadera». Intérprete y amante indígena de Hernán Cortés.

MATLACUEYE, Nlatlalcueye. «La que tiene la falda azul». Nombre dado en Tlaxcallan a Chalchiuhtlicue («La de la falda de color turquesa»), diosa de las lluvias y segunda esposa de Tlaloc.

MATLALCUEYE, «la que tiene la falda azul». Topon. Serranía conocida también por Sierra de Tlaxcallan.

MAXATLOPILLE, maxatopille, «El que lleva el palo que atrae». Grado militar mexicano equiparable al alférez o portabandera europeo.

MAXIXCATZIN, «Anillo de algodón». VIII.º señor de Ocotelolco. Amigo y aliado de Hernán Cortés.

MAXTLES, castellanización de maxtli. Taparrabos, braguero.

MAZATLE, mazatl, «Ciervo». Denominación nahuatl del caballo.

MICHHUACAN (MC. «La provincia del pescado»), Michoacan, «El lugar que posee peces». Estado de México, cuya denominación completa es Michoacan de Ocampo. Durante la época prehispánica fue asiento del pueblo tarasco.

MICHHUAQUE, michoaque, «Los que poseen peces». Nombre que los mexica daban a los tarascos.

MICTLAN (MC. «infierno»), «La región de los muertos». Nombre de uno de los ultramundos de la religión nahuatl.

MITOTES, aztequismo derivado de mitotiqui («bailarín», «danzante»). Baile o fiesta popular.

MIXCOHUATL, «Serpiente de nube». Caudillo de los tlaxcalteca.

MIXCOHUATECUHTLI, «Señor serpiente de nube». Título honorífico de Tlaxcallan.

MIXITL, hierba estupefaciente. Datura stramonium.

MIZQUITL, «Mezquite». Primer señor de la cabecera de Quihuiztlan.

MOCTHEUZOMA (MC. «Señor regalado», por extensión: «Señor sobre todos los señores y el mayor de todos», «El mayor de todos», «Señor muy severo y grave y hombre de coraje y sañudo, que se enoja súbitamente con liviana ocasión»), Motecuhzoma, «Señor encolerizado». IX.º gobernante de Tenochtitlan (1502 1520).

MOYOTEPEC, «En el cerro del moscardón». Topón. Monte de Tlaxcallan.

N

NANACATL, hongo alucinógeno. Existen varias especies.

NAPANTECUHTLI, Napatecuhtli, «Cuatro veces señor». Montaña de Tlaxcallan conocida también como Cofre de Perote.

NAUHOLLIN (MC. «Cuarto nombre», «Cuarto movimiento»), nahui ollin, «Cuarto temblor». Denominación del Sol de la Quinta Edad.

NAULLIN, síncopa de nahui ollin. V. NAUHOLLIN.

NEZAHUALCOYOTL (MC. «Lobo hambriento»), «Coyote ayunador». VII.ʼ gobernante de Tetzcoco (1391 1472).

NEZAHUALPILTZINTLI, Nezahualpilli, «Niño que ayuna». VIII.º gobernante de Tetzcoco (1472-1515).

NOCHTLI (MC. «Cierta fruta»). Tuna, fruto del nopal.

O

OCONENETL, «Muñeco del «ocote»». Ave semejante al picoverde. Su carne, según Muñoz Camargo, poseía propiedades alucinógenas. Pici martii genus.

OCOTELOLCO (MC. «En el barrio del pino», «En el altozano del pino»). Nombre de una de las cuatro cabeceras de Tlaxcallan.

OMETOCHTLE, Ometochtli, «Dios conejo». Dios del pulque, bebida alcohólica extraída del maguey.

OTOMPAN, «En la tierra de los otomí». Topon. Localidad del Valle de México dependiente del señorío de Tetzcoco. Allí se dio la famosa batalla que siguió a la Noche Triste.

P

PAPA, castellanización de PAPAHUA (V).

PAPAHUA, «Guedejudo» o «El que tiene aladares». Nombre dado por los castellanos a los sacerdotes azteca. El término hace referencia a la longitud de los cabellos del clero mexicano.

PATOL, patolli. Juego de dados y fichas semejante al parchís europeo. Poseía significado religioso.

PELLONES, voz tarasca. Vestido elaborado con plumas de diferentes colores.

PETLACATL, petlacal, «Petaca». Señor de Chalco.

PEYOTL. Cacto estupefaciente. Lophophora williansi vel Ariocarpus.

PICIETL (MC. «yerba a manera de beleño»). Tabaco. Nicotina rustica, nicotina mexicana.

PILCALLI (MC. «Casa solariega de principal hombre hidalgo»), «Casa nobliliaria». Explotación agrícola e industrial similar al feudo europeo.

PYLES, castellanización de pipiltin, «nobles». Nombre dado a la nobleza de sangre.

POPOCATEPETL (MC. «Sierra que humea»), «Monte humeante». Topon. Volcán cercano a Orizaba.

POYAUHTECATL, «El que vierte líquido iluminado». Topon. Volcán cercano a Orizaba.

POYAUHTLAN, «El lugar despejado de nubes». Topon. Llanura del Valle de México cercana a la ciudad de Tetzcoco.

Q

QUAUHNOCHTITLAN (MC. «El tunal del águila», «La tuna de la águila»), Cuauhnochtitlan, «En el tunal del águila». Según Muñoz Camargo, nombre antiguo de Tenochtitlan.

QUAUHTINCHAN, Cuauhtinchan, «La casa de las águilas» o «nido de las águilas». Topon. Localidad del Estado de Puebla dependiente del señorío de Tepeacac.

QUAUHTLICPAC Cuauhticpac, «Sobre el árbol». Topon. Cadena montañosa de Tlaxcallan.

QUAUHTZINTECUHTLI, Cuauhtecuhtzin, «Señor águila». Caudillo que conquistó Tepeacac.

QUETZALCHIUATZIN, Quetzalcihuatzin, «Mujer preciosa». Madre de Nezahualcoyotl.

QUETZALCOHUATL, Quetzalcoatl, «Serpiente quetzal», «Serpiente emplumada», «Serpiente preciosa» o «Gemelo precioso». Deidad patrona de Cholollan.

QUETZALPATZACTLI, abanico de plumas preciosas usado por los tlatoque en las guerras. Figuraba en la divisa de la cabecera de Quiahuitztlan.

QUETZALTOTOTL, «Pájaro verde» o «Pájaro preciado». Ave de pluma fina, cuyo dibujo figuraba en la divisa de la cabecera de Ocotelolco. Paramacrus mocino Al. Trogus sp.

QUIAHUIZTECATL, «El de la lluvia». Deidad de Tlaxcallan. Probablemente, una advocación de Tlaloc, dios del agua.

QUIAHUIZTLAN, «En la tierra lluviosa». Nombre de una de las cuatro cabeceras de Tlaxcallan.

T

TAMEME, castellanización de tlameme o tlamama, «El que carga». Grupo social que se dedicaba al transporte de mercancías.

TARASCO, castellanización de Tarascu. Etimología dudosa. El P. Sahagún hace derivar el gentilicio tarasco o tarasca del vocablo Taras, nombre de una deidad phurépecha semejante al Mixcoatl («Serpiente de nube») de los nahua. La Relación de Michoacan da al término tarasco el significado de «mi cuñado». Este gentilicio, que aparece después de la Conquista, se aplicó en principio a los españoles, quienes, a su vez, adquirieron el hábito de designar a los habitantes de Michoacan del mismo modo. Grupo étnico de filiación desconocida que ocupaba la zona noroeste del estado de Michoacan de Ocampo. V. MICHHUACAN, MICHHUAQUE.

TAMOHUANICHAN XOCHITLIHCACAN CHICUHNAUHUEPANIUHCAN ITZEHECAYAN, Tamoanchan Xochiacan Chiconauhuapanilhucan Itzehecayan (MC. «El lugar de Tamohuan y en asiento del árbol florido»), «Junto a la casa paterna donde yerguen las flores [en] el lugar de la novena viga del cielo, donde el viento de obsidiana». Topon mítico. Paraíso donde residía Xochiquetzal.

TECCALLI (MC. «Casa de mayorazgo»), «Casa del señor». Explotación agrícola e industrial similar al feudo europeo.

TECOHUATZINCO, Tecoac, «En el lugar de la serpiente de piedra». Localidad fronteriza de Tlaxcallan poblada por otomi.

TECPAN (MC. «Palacios reales»), «Mansión real». Barrio de la cabecera de Ocotelolco.

TECPANECA, «Habitante del palacio». Estado del Valle de México, cuya capital era Azcapotzalco («Sobre el Hormiguero»). Sus habitantes, de etnogénesis desconocida, se llamaban también tepaneca («moradores del país pedregoso»).

TECPANECATL, «Dueño del palacio». Título honorífico de Tlaxcallan.

TECUHTLI (MC. «Estimado caballero, Señor»), «Vuestra estima». Título que se daba a los hijos de los nobles y a los mercaderes ennoblecidos en Tlaxcallan.

TEHUITZNAHUATL, Tehuitznanahuatl, «Lepra», «Sífilis». Topon. Lugar donde nació Quetzalcoatl.

TEIXHUIHUAN (MC. «Nietos de la casa de tal parte»), «Nietos», «Nietas». Nombre que se daba en Tlaxcallan a los beneficiarios de un feudo de cámara.

TENOCHTLI (MC. «Tunas duras y empedernidas»), «Tuna de piedra». Fruto del nopal silvestre.

TENUCHTITLAN (MC. «Lugar o barrio de la tuna de piedra», «Lugar de las tunas duras y empedernidas»), Tenochtitlan, «En la tuna dura». Capital del imperio mexicatl.

TEOCHICHIMECA (MC. «Divinos chichimeca»), «Chichimeca verdaderos». Nombre que se daba a los antepasados de los tlaxcalteca.

TEONOCHTLI (MC. «Tuna de Dios»), «Tuna divina». Fruto de la pitahaya. Céreus pitajaya.

TEOPANACHCAUHTZIN TEOPIXQUE, «El mayor del templo y de los guardianes del dios», «Jefe de los sacerdotes del muro divino». Otra denominación del sumo sacerdote de Tlaxcallan.

TEOTETL, «Piedra de dios». Piedra fina, azabache.

TEOTLOQUENAHUAQUE (MC. «¡Oh Dios, aquel en quien están todas las cosas!»), «El dios de la inmediata vecindad». Deidad creadora de los nahua.

TEPETICPAC, «Sobre el monte». 1. Nombre de una de las cabeceras de Tlaxcallan. 2. Cadena montañosa de Tlaxcallan.

TEPETLAOZTOC (MC. «En las cuevas de la teca»), «En la cueva del monte arenoso». Localidad del Valle de México donde se asentaron los chichimeca de la cabecera de Quiahuitztlan.

TEPILHUAN, «Vuestras señorías», «Vuestras noblezas». Título que recibían los nobles de sangre en Tlaxcallan.

TEPONAXTLE, Teponaztli. Instrumento musical mexicano de percusión.

TEQUANITZIN CHICHIMECATL TECUHTLI, Teyanitzin chichimecatecuhtli. Poeta de Tlaxcallan, cuyos cantares sirvieron para la redacción de la Historia de Tlaxcalla.

TEUHTLIXCO ANAHUAC (MC. «Al fin de la tierra y hasta la orilla y costa de la mar»), «Junto al agua, sobre el polvo» (playa).

TEXCALLA, «Precipicio». Denominación antigua de Tlaxcallan.

TEXCALTIPAC, «Sobre el lugar elevado». Otro nombre de la sierra de Tepeticpac.

TEZCATLIPUCA, «Espejo humeante». Principal deidad del panteón nahuatl.

TICATLA. Medianoche.

TIZACALTATZIN, Tizatlacatzin, «Hombre de tiza». Capitán tlaxcaltecatl muerto durante la campaña contra Huexotzinco (1501).

TIZATLAN, «En el lugar del polvo de tiza». Nombre de una de las cuatro cabeceras de Tlaxcallan.

TONATIUHXICO, Tonatiuhixco, «Sobre la faz del Sol». Nombre de la región del Sol levante.

TOTONACAPAN, «Donde la carne de pájaro». Topon. Denominación de los territorios de la costa del Golfo de México.

TOZPANE, Tzompane, «Dueño del muro de los cráneos». Fundador de la cabecera de Tizatlan.

TULTECAPAN, Toltecapan, «Sobre el tolteca». Acequia de Tenochtitlan. Durante el sitio de Tenochtitlan, Cortés corrió el riesgo de caer prisionero en este lugar.

TUXTLAN, Toztlan, «Al lado del loro». Provincia de la costa sur del Pacífico.

TL

TLACAHUEPANTZIN, «Hombre madero» (?) Hijo de Motecuhzoma II muerto en la campaña contra Tlaxcallan.

TLACOMIHUA, «A medias en la cosecha» o «El dueño de la sementera central». Cuarto señor de la cabecera de Ocotelolco. Accedió al poder gracias a una rebelión.

TLACANCTZOLLI (MC. «Dos hombres unidos en un cuerpo»), Tlacatzolli, «Hombres estrechados», «Hombres deteriorados». Gemelos siameses.

TLACOXOLOTL, (MC. «Danta»), Tlacaxolotl, «Monstruo noble». Voz nahuatl parónima del término castellano «noble bruto». Caballo.

TLAHUICOLE (MC. «El de la divisa de barro»), «El que posee la pequeña vasija», «Enjuto». Capitán tlaxcaltecatl de acreditado valor. Salió vencedor del sacrificio gladiatorio.

TLAHUIZONTLAZOPILLI, «Estandarte preciado». Nombre del estandarte del ejército tetzcocano.

TLACATELCO, Tlacatecco, «Donde los señores». Topon. Barrio de Tenochtitlan.

TLALCHIAC (MC. «El mayor de lo bajo del suelo»). Título dado a uno de los dos máximos gobernantes de Chollollan.

TLALLOCAN, Tlalocan, «El lugar de Tlaloc». Cadena montañosa del Valle de México.

TLALTECUHTLI, «Señor de la tierra». Deidad de la tierra.

TLAMACAZCATZINCO, «En el lugar sacerdotal». Topon. Cadena montañosa de Tlaxcallan.

TLAMACAZQUE, «El que ha llegado a la madurez». Sacerdote menor con funciones análogas al diácono cristiano.

TLAMACEUHQUE, «El que hace merecimiento». Penitente.

TLAPATL. Planta medicinal con propiedades alucinógenas. Ricinus communis.

TLAPCO, Tlapcopa, «En la grada o poyo», «Hacia la caja». Denominación nahuatl de la región meridional.

TLAQUIAH (MC. «El mayor de lo alto»). Título dado a uno de los dos máximos gobernantes de Chololan.

TLATELOLCO, «En el lugar arenoso». Ciudad hermana de Tenochtitlan fundada por un grupo de disidentes.

TLAXCALLAN, «En la tortilla de maíz». Topon. Estado independiente del México prehispánico, cuyos límites corresponden a los del actual Estado del mismo nombre. V. TEXCALLA.

TLAXCALTECAS, castellanización de tlaxcalteca. Habitantes de Tlaxcallan.

TLOQUENAHUAQUE (MC. «Aquel que todos le acompañan y es acompañado de todos los otros dioses»), in tloque in nahuaque. V. TEOTLOQUENAHUAQUE.

TZANATZI, voz tarasca. Sinónimo de AYATL (V).

TZOMPANZINGO, Tzompantzinco, «En el lugar del muro de cráneos». Topon. Localidad de Tlaxcallan, donde los tlaxcalteca recibieron a Hernán Cortés.

TZONOMOSCO, Tzonmolco, «En el cabello mullido». Templo de México Tenochtitlan dedicado a Xiuhtecuhtli, señor del fuego.

TZONTECOMATL, Cabeza». Noble tetzcocano.

U

ULMECAS, Olmeca, «Habitante de la tierra del hule». Grupo étnico de filiación desconocida.

ULLI, síncopa de Ollin, «Movimiento». Hule o goma elástica. Muñoz Camargo emplea el término para designar la pelota de hule que se empleaba para jugar al tlachtli o juego de pelota.

ULQUAHUITL, Olcuahuitl, «Arbol del movimiento». Arbol de donde se extrae el hule. Hevea Brassilensis.

X

XACAL (MC. «Techumbre pajiza»), Xacalli, Choza, cabaña o casa con techo de paja.

XALTEPETLAPAN, «Entre las esteras de grava». Topon. Barrio de Huexotzinco.

XICALANCAS, castellanización de Xicalanca. Habitantes de Xicalanco («En las jícaras»), país de la costa del Golfo de México.

XICCHTECUHTLI, Xiuhtecuhtli, «Señor del año» o «Señor de la Hierba». Dios del fuego.

XICOTENCATL, «El del bezote de avispa». 1. VII.º Señor de la cabecera de Tizatlan, amigo y aliado de Hernán Cortés. Tras su bautismo se llamó don Lorenzo de Vargas. 2. Axayacatzin Xicotencatl. También llamado el mozo. Hijo del anterior y general en jefe de los ejércitos tlaxcalteca. Cortés mandó que se le ejecutase por traidor.

XILOXOCHITECATL, Xiloxochitlan, «Donde el xiloxochitl». Cerro de Tlaxcallan.

XOCHIQUETZATL, Xochiquetzal o Xochiquetzalli, «Flor preciosa». Diosa de la belleza, las flores y el amor; patrona de los oficios y de las cortesanas. Representa la faceta más lúdica y joven de la Diosa Madre. Según la tradición tlaxcaltecatl, fue la primera esposa de Tlaloc.

XOCHITECACIHUATL, «La mujer de la flor abierta». Diosa tlaxcaltecatl de la mezquindad y la avaricia.

XOLOTEUPAN, Xoloteopan, «El lugar del dios Xolotl». Templo de México consagrado al itzcuintli o perro mexicano (canis mexicanus).

Y

YOHUALNEPANTLA, «En medio de la noche». Medianoche.

YOHUALNEPANTLATICATLA. V. YOHUALNEPANTLA y TICATLA.

YOLTAN (MC. «Pan sin levadura ni otra mixtura alguna»), Yoltamal. Tamal o tortilla de maíz cocida sin añadir cal y sal.

Z

ZACATECAS, castellanización de Zacateca. Habitantes de Zacatlan («Donde los juncos»), Estado situado en el México meridional.

ZAHUAPAN, «En el lugar de la tiña». Topon. Río de Tlaxcallan.

ZOZOC, Tzotzoyaotequihua, «Valeroso enemigo desgraciado». Tercer Señor de Tizatlan, que accedió al poder mediante una conspiración.

Libros a la carta

A la carta es un servicio especializado para
empresas,
librerías,
bibliotecas,
editoriales
y centros de enseñanza;
y permite confeccionar libros que, por su formato y concepción, sirven a los propósitos más específicos de estas instituciones.

Las empresas nos encargan ediciones personalizadas para marketing editorial o para regalos institucionales. Y los interesados solicitan, a título personal, ediciones antiguas, o no disponibles en el mercado; y las acompañan con notas y comentarios críticos.

Las ediciones tienen como apoyo un libro de estilo con todo tipo de referencias sobre los criterios de tratamiento tipográfico aplicados a nuestros libros que puede ser consultado en Linkgua-ediciones.com .

Linkgua edita por encargo diferentes versiones de una misma obra con distintos tratamientos ortotipográficos (actualizaciones de carácter divulgativo de un clásico, o versiones estrictamente fieles a la edición original de referencia).

Este servicio de ediciones a la carta le permitirá, si usted se dedica a la enseñanza, tener una forma de hacer pública su interpretación de un texto y, sobre una versión digitalizada «base», usted podrá introducir interpretaciones del texto fuente. Es un tópico que los profesores denuncien en clase los desmanes de una edición, o vayan comentando errores de interpretación de un texto y esta es una solución útil a esa necesidad del mundo académico.

Asimismo publicamos de manera sistemática, en un mismo catálogo, tesis doctorales y actas de congresos académicos, que son distribuidas a través de nuestra Web.

El servicio de «Libros a la carta» funciona de dos formas.

1. Tenemos un fondo de libros digitalizados que usted puede personalizar en tiradas de al menos cinco ejemplares. Estas personalizaciones pueden ser de todo tipo: añadir notas de clase para uso de un grupo de estudiantes, introducir logos corporativos para uso con fines de marketing empresarial, etc. etc.

2. Buscamos libros descatalogados de otras editoriales y los reeditamos en tiradas cortas a petición de un cliente.

LK

www.ingramcontent.com/pod-product-compliance
Ingram Content Group UK Ltd.
Pitfield, Milton Keynes, MK11 3LW, UK
UKHW042005230426
12048UKWH00009B/566